Für Britta.

Der Bologna-Prozess verändert wie kein anderes Ereignis vor ihm die europäische Hochschullandschaft. Seit seinen Anfängen mit der Sorbonne-Erklärung im Mai 1998 sind dem Abkommen über 40 Staaten beigetreten und der durch ihn begründete Europäische Hochschulraum reicht heute vom Ural bis zum Atlantik und von der Barentssee bis zum Mittelmeer. Gleichzeitig geht der Prozess immer mehr in die Tiefe und nimmt direkten Einfluss nicht nur auf den Hochschulsektor, sondern auch auf den Arbeitsmarkt. Eines der wichtigsten Anliegen der Reformen, die Steigerung der „employability" mit einer Verkürzung der Studienzeiten, erfordern von Arbeitgebern wie Absolventen ein Umdenken und neue Beschäftigungsverhältnisse.

Trotz seiner hohen Relevanz sind die Ziele, Methoden und Hintergründe des Reformprozesses an Hochschulen und in der Wirtschaft nahezu unbekannt. Lediglich zentrale und auffällige Elemente wie die neuen BA-/MA-Abschlüsse werden aktuell wahrgenommen und das, obwohl sie nur einen kleinen Teil des gesamten Bologna-Konzepts ausmachen. Dieses Buch bietet nun erstmals einen umfassenderen Einblick in die Entstehung, Zielsetzungen und Instrumente der Bologna-Erklärung und seiner Nachfolgekommuniqués, sowie auf Basis von Experteninterviews, einen Ausblick darauf, wie die Reformen die Hochschulen in den nächsten Jahren verändern könnten.

Philipp Eckardt

Der Bologna-Prozess

Entstehung, Strukturen und Ziele der europäischen
Hochschulreformpolitik

Bibliografische Information Der Deutschen Bibliothek:
Die Deutsche Bibliothek verzeichnet diese Publikation in der
Deutschen Nationalbibliografie; detaillierte bibliografische Daten
sind im Internet über <http://dnb.ddb.de> abrufbar.

Originalausgabe
Bonn, November 2005

© 2005 Philipp Eckardt
Herstellung und Verlag: Books on Demand GmbH, Norderstedt
Coverphoto von www.photocase.de.
Printed in Germany
ISBN 3-8334-4031-7

Inhaltsverzeichnis

„The Bologna Process must respect the many facets of European culture, must respect the different European languages, must respect the autonomy of the European universities. The Bologna Process must be a process of recognition, not a process of harmonisation. It must be a process of convergence, not one of uniformity."[1]

1. Einleitung

Jahrzehntelang war Bildung in Europa ein exklusiver Politikbereich der Nationalstaaten, der mit Zähnen und Klauen gegen Eingriffe auf europäischer Ebene verteidigt wurde. Entsprechende Aktivitäten der Europäischen Gemeinschaft und später der Europäischen Union wurden bestenfalls toleriert, in den meisten Fällen jedoch misstrauisch beäugt und ablehnend aufgenommen. Ein Zugriff auf die Strukturen der verschiedenen Bildungssysteme oder gar auf Curricula der Studiengänge blieb den Institutionen auf europäischer Ebene indes verwehrt und entsprechende Versuche dienten den Nationalstaaten unter dem Schlagwort einer „drohenden Harmonisierung" mehrmals dazu, die Befugnisse der Union zu limitieren. Während die wirtschaftliche Einigung Europas immer weiter voranschritt, waren die Vorbehalte der Regierungschefs und ihrer Minister gegen eine Europäisierung des Bildungs- und Kultursektors so gravierend, dass Jean Monnet, einer der Gründungsväter Europas, der Ausruf zugeschrieben wird: „Wenn ich noch mal mit Europa beginnen würde, würde ich bei der Kultur anfangen und nicht bei der Wirtschaft."[2]

Umso überraschender musste es erscheinen, dass die vier größten europäischen Staaten eben jene drohende Harmonisierung am 25. Mai 1998 in Paris selbst auf die politische Agenda setzten und mit der Verabschiedung einer „Gemeinsamen Erklärung zur Harmonisierung der Architektur der europäischen Hochschulbildung" eine Entwicklung einleiteten, die zu Restrukturierungen und

---

[1] Nyborg, Per: Recognition and Challenges to the Bologna Process. International seminar on Recognition Issues in the Bologna Process, Lissabon 2002, ohne pag.
[2] Zit. nach: Zur Wahl des Europäischen Parlaments im Juni 2004, in: politik und kultur, Nr.04/05, Mai-Juni 2004, S.9.

umfassenden Reformen in nahezu allen Hochschulbildungs-
systemen Europas führte: Den Bologna-Prozess.

Wie aber kam es überhaupt zu dieser Entwicklung? Was
veranlasste die Bildungsminister, ihre Politikfelder so weit für
supranationale Einflüsse zu öffnen? Handelte es sich um
wirtschaftliche Notwendigkeiten, waren europäische Über-
zeugungen ausschlaggebend oder stellte der gesamte Prozess
lediglich eine logische Konsequenz der Harmonisierung und
Liberalisierung der Arbeitsmärkte dar? Welche Ziele vereinten die
zahlreichen Akteure überhaupt: Die Schaffung eines
harmonisierten, gemeinsamen Europäischen Hochschulraumes als
Konkurrenz zu den Vereinigten Staaten, die Steigerung von
Mobilität in Europa, die Schaffung einer europäischen Identität
oder eine verbesserte Beschäftigungsfähigkeit von Absolventen?
Und wie schließlich lässt sich die hohe Dynamik in einem Prozess
erklären, der keinerlei rechtliche Verbindlichkeit aufweist, ja nicht
einmal stabile Strukturen oder eine solide Finanzierung?

Eben diese Fragen sollen in dem hier vorliegenden Buch behandelt
und beantwortet werden. In drei Schritten wird in ihm untersucht,
wie sich eine europäische Hochschulbildungspolitik im Vorfeld
des Jahres 1998 entwickelte, wie aus dieser Situation der Bologna-
Prozess entstehen konnte und schließlich, in welchem Stadium der
Umsetzung sich selbiger befindet und welche Entwicklungen für
die Zukunft zu erwarten sind.

Kapitel 2 leistet hierfür einen kurzen Abriss der wichtigsten
Entwicklungen, die durch die Europäische Union und den
Europarat auf europäischer Ebene im Vorfeld der gemeinsamen
Erklärung von Sorbonne eingeleitet wurden. Für die rasche
Umsetzung der in Bologna beschlossenen Reformen stellten die
Deklarationen des Europarates zur Anerkennung von Bildungs-
abschlüssen und die Aktionsprogramme der Europäischen
Kommission im Bereich der Bildung wesentliche Voraussetzungen
dar. Viele der hierin entwickelten Instrumente wurden von den
Bildungsministern übernommen oder dienten als Vorlagen für
vergleichbare Lösungen auf nationaler Ebene. Das Kapitel soll
zudem zeigen, mit welcher Haltung die europäischen Nationalstaaten Harmonisierungstendenzen im Sektor der Hochschulbildungspolitik gegenüber standen und so im weiteren Verlauf der
Untersuchung eine Beurteilung ermöglichen, ob sich ihre
Positionen und Erwartungen verändert haben.

Kapitel 3 eröffnet mit einer Darstellung der (hochschul)politischen und wirtschaftlichen Situation, die für die Bildungsminister Frankreichs, Deutschlands, Italiens und Großbritanniens bei der Entwicklung der Sorbonne-Erklärung ausschlaggebend war. Hierbei wird ein besonderes Augenmerk auf die vorausgegangenen Reformdiskussionen auf europäischer aber auch auf deutscher Ebene gelegt. Anhand von Interviews und neuesten Forschungs- ergebnissen wird anschließend die unmittelbare Entstehung der Deklaration von Paris skizziert, durch die auch die Frage beantwortet werden soll, wie die hierin aufgestellte Forderung nach einer „Harmonisierung der Architektur der europäischen Hochschulbildung"[3] zu bewerten ist. Im Anschluss werden dann die unterschiedlichen Ziele des Bologna-Prozesses näher beleuchtet und seine Strukturen und eingebundenen Akteure auf nationaler wie internationaler Ebene dargestellt.

Das vierte Kapitel untersucht die Fortschritte in den Reformen bis zur Ministerkonferenz in Bergen 2005. Hierbei beschränkt sich das Buch auf drei wesentliche Instrumente des Reformprozesses, die für die erfolgreiche Umsetzung der Bologna-Ziele als maßgeblich betrachtet werden: Die Einführung gestufter Studienstrukturen, die Implementierung des European Credit Transfer and Accumulation Systems (die in Deutschland in einen engen Zusammenhang mit einer Modularisierung des Studiums gestellt wird) und der Aufbau von Qualitätssicherungssystemen auf europäischer und nationaler Ebene. Als wertvolle Informationsquelle erwiesen sich hier die nationalen Berichte für das Ministertreffen in Bergen und der so genannte „Stock Taking Report", der beim Ministertreffen in Berlin in Auftrag gegeben wurde.

Schließlich wird in Kapitel 5 die Frage danach gestellt, wie sich der Bologna-Prozess bis zur politischen Zielmarke im Jahr 2010 und darüber hinaus entwickeln könnte und ob es sich bei diesen Entwicklungen tatsächlich um Harmonisierungsbestrebungen in der europäischen Hochschulbildungspolitik oder lediglich um die Schaffung von Konvergenzen zwischen den bestehenden nationalen Systemen handelt. Hierfür wurden von mir im hohen Maße auf Abschlussdokumente, Zeitschriftenartikel, Verlaut- barungen und schließlich auch auf Interviews zurückgegriffen, die

---

[3] Bologna-Deklaration. Gemeinsame Erklärung der Europäischen Bildungsminister, Bologna am 19.Juni 1999, ohne pag.

mit Vertretern der wichtigsten am Prozess beteiligten nationalen Gremien und der Bologna-Gruppe geführt wurden.

Um Zusammenhänge in den und Gründe für die Entstehung der Deklarationen von Sorbonne, Bologna, Prag, Berlin und Bergen darzustellen, haben sich eben diese Interviews als außerordentlich wertvoll erwiesen und folgenden Gesprächspartnern bin ich daher zu besonderem Dank verpflichtet:

- Prof. Dr. Rainer Friedrich, der als langjähriger Begleiter des Prozesses im Bundesministerium für Bildung und Forschung sein umfangreiches Wissen bereitwillig geteilt hat,

- Dr. Birgit Galler, die im Referat 319 des BMBF aktuell für das Thema „Bologna" zuständig ist,

- dem Leitenden Senatsrat Roland Thierfelder als Vertreter der Kultusministerkonferenz,

- Andrea Frank vom Kompetenzzentrum Bologna bei der Hochschulrektorenkonferenz, die immer freundlich für Rückfragen zur Verfügung stand,

- Dr. Birger Hendriks im Kultusministerium Schleswig-Holstein, der im Bologna-Prozess die Interessen der Bundesländer vertritt und schließlich

- Dr. Christian Fohrbeck und Dr. Siegberg Wuttig vom Deutschen Akademischen Austausch Dienst.

Ebenfalls herzlich bedanken möchte ich mich bei Prof. Dr. Michael Buse und Prof. Dr. Uwe Holtz von der Universität Bonn, die die Entstehung dieser Arbeit betreut und gefördert haben; bei meinen Eltern Klaus und Jutta Eckardt für ihre moralische und finanzielle Unterstützung und schließlich bei meiner Partnerin Britta Höllermann, deren konstruktive Anregungen und unermüdliches Lektorat wesentlich zur Qualität dieser Veröffentlichung beigetragen haben.

2. Harmonisierungsbestrebungen in der europäischen Hochschulbildungspolitik im Vorfeld des Bologna-Prozesses

Blickt man aus heutiger Sicht auf die europäischen Austauschprogramme für Studierende und Wissenschaftler, will man die Fortschritte in der Umsetzung von BA-/MA-Studienstrukturen im Rahmen des Bologna-Prozesses würdigen oder nimmt man ganz selbstverständlich hin, dass das größte Problem an einem Studium oder einer Bewerbung im Ausland sprachliche Fähigkeiten sind, vergisst man allzu leicht, dass diese Fortschritte in der beruflichen und wissenschaftlichen Freizügigkeit erst seit relativ kurzer Zeit und in einem langwierigen und keineswegs konfliktfreien Prozess erreicht wurden. Beteiligt waren daran eine Vielzahl staatlicher und zwischenstaatlicher Akteure, von der Sonderorganisation der Vereinten Nationen für Erziehung, Wissenschaft und Kultur (UNESCO), der Organisation für wirtschaftliche Zusammenarbeit und Entwicklung (OECD) über den Europarat bis hin zur Europäischen Gemeinschaft bzw. später der Europäischen Union.[4]

Bei der Beantwortung der Fragen nach einer wie auch immer gearteten Entwicklung der europäischen Hochschulbildungspolitik besteht deshalb leicht die Gefahr, sich in dem Gewirr von Beziehungen, Entschließungen und Initiativen zu verlieren, das in den knapp 50 Jahren der zunehmenden europäischen Integration entstanden ist. Ein Fehler wäre es indes, dieses Problem dadurch umgehen zu wollen, dass man sich ausschließlich auf den Hauptakteur der europäischen Bildungspolitik konzentriert, also die Europäische Gemeinschaft bzw. die Europäische Union. Denn gerade der in dieser Arbeit behandelte Bologna-Prozess wurde nicht durch die Union oder ihre politischen Organe angestoßen, sondern ging ausschließlich von den Nationalstaaten und ihren Bildungsministern aus.

Gleichwohl stellen die erfolgreichen Mobilitätsprogramme der EU und auch die Entschließungen und Abkommen des Europarates ebenso Grundlagen für die zügige Umsetzung der Pläne von

---

[4] Vgl. Hölzle, Claudia: Bildungspolitik in der Europäischen Gemeinschaft. Die Angleichungsproblematik von Bildungssystemen in der Europäischen Gemeinschaft am Beispiel Spaniens, Köln 1994, S.10.

Sorbonne und Bologna dar wie nationale Entwicklungen und Reformen. Im ersten Teil dieses Buches soll deshalb ein Rückblick auf die Entwicklungen der „europäischen Hochschulpolitik" der letzten Jahrzehnte stehen, anhand dessen in der Folge skizziert wird, welche Situation der Bologna-Prozess in seinen Anfängen vorfand und welche Motivationen seine Teilnehmer bewegten. Begonnen wird hierfür mit der Betrachtung einer Institution, die durch ihre Entschließungen und Übereinkommen als eine der ersten die Grundlagen für eine europäische Zusammenarbeit im Bereich der Bildung gelegt hat: des Europarates.[5]

2.1. Die Bildungspolitik des Europarates

Der am 5. Mai 1949 gegründete Europarat definiert in Artikel 1 seiner Satzung seine Ziele dergestalt, eine engere Verbindung zum Schutz gemeinsamer Ideale seiner Mitglieder herstellen und ihre wirtschaftlichen und sozialen Fortschritte fördern zu wollen.[6] Explizite bildungspolitische Kompetenzen sucht man im Vertrag hingegen vergebens und erst das am 19. Dezember 1954 in Paris unterzeichnete „Europäische Kulturabkommen" schuf den „Rahmen für die kultur- und bildungspolitische Zusammenarbeit"[7] des Rates.

Die Grundlage der Aktivitäten des Europarates stellen gerade im Bereich der Bildung die Konventionen dar, deren Erarbeitung und Durchsetzung einen zunehmenden Anteil an der Arbeit der Institution ausmacht.[8] Bereits ein Jahr vor dem Kulturabkommen hatte der Europarat erste und entscheidende Aktivitäten im Bereich der Bildungspolitik entwickelt, als er am 11. Dezember 1953 die „Europäische Konvention über die Gleichwertigkeit der Reifezeugnisse" verabschiedete. Nach ihrer Bestimmung hat jeder Inhaber eines Reifezeugnisses aus einem der Vertragsstaaten das Recht, sich um eine Zulassung zu den Hochschulen anderer

---

[5] Vgl. Hornberg, Sabine: Europäische Gemeinschaft und multikulturelle Gesellschaft. Anspruch und Wirklichkeit europäischer Bildungspolitik und –praxis, Frankfurt a.M. 1999, S.96f.

[6] Vgl. Art. I der Satzung des Europarates.

[7] Blanke, Hermann-Josef: Europa auf dem Weg zu einer Bildungs- und Kulturgemeinschaft, Köln 1994, S.7.

[8] Vgl. Dohmes, Johannes: Die Bedeutung des Europarates für Deutschland, in: Holtz, Uwe (Hrsg.): 50 Jahre Europarat, Baden-Baden 2000, S.191.

Vertragsstaaten zu bewerben, also unter gleichen Voraussetzungen an den Auswahlverfahren tertiärer Bildungsinstitutionen teilnehmen zu können wie Inländer.[9] Drei Jahre später, am 15. Dezember 1956, folgte ein „Übereinkommen über die Gleichwertigkeit der Studienzeit an den Universitäten", nach denen Zeiten eines Auslandsstudiums in einem der Vertragsstaaten als äquivalent zu entsprechenden Studienzeiten der Heimatuniversitäten anerkannt werden sollen. Das Abkommen beschränkte sich jedoch lediglich auf eine kleine Auswahl von Studierenden und wurde erst 1990 durch ein weiteres Abkommen über die „allgemeine Gleichwertigkeit der Studienzeit" auf alle Studiengänge ausgeweitet.

Am 14. Dezember 1959 folgte mit dem „Übereinkommen über die akademische Anerkennung von akademischen Graden und Hochschulzeugnissen" ein Abkommen, das auch die Mobilität von studienwilligen Hochschulabsolventen und Postgraduierten fördern sollte. Es sah die Anerkennung bereits erworbener akademischer Abschlüsse wie Doktorgrade und Diplome vor und erwies sich somit vor allem für Aufbaustudiengänge und Promotionen als bedeutend. Eine ähnliche Initiative mit Blick auf die staatliche und wirtschaftliche Anerkennung von Abschlüssen stellt das 1979 verabschiedete „Übereinkommen über die Anerkennung von Hochschulstudien, Universitätsdiplomen und akademischen Graden in den Staaten der Region Europa" dar.

Das jüngste bildungspolitische Abkommen des Europarates fand schließlich in dem am 11. April 1997 gemeinsam mit der UNESCO in Lissabon beschlossenen „Übereinkommen über die Anerkennung von Qualifikationen im Hochschulbereich in der europäischen Region" seinen Abschluss. Die „Lissabon-Konvention" zielt darauf ab, einheitliche Regelungen für die Anerkennung von universitären Zugangsqualifikationen, von Studienzeiten und Hochschulabschlüssen zu finden und somit „die gegenwärtige Anerkennungspraxis zu verbessern, durchschaubarer zu machen und besser an die gegenwärtige Lage im Bereich der Hochschulbildung in der europäischen Region anzupassen"[10].

---

[9] Vgl. Blanke (1994), S.13f.
[10] Präambel des Übereinkommens über die Anerkennung von Qualifikationen im Hochschulbereich in der europäischen Region, nicht pag.

Dafür bot sie zahlreiche Neuerungen, unter anderem dass:[11]

- die Vertragspartner und nicht mehr die Studierenden den Wert ihrer Diplome nachweisen müssen,

- Ablehnungen ausländischer Diplome von den zuständigen Behörden als gerecht, nicht diskriminierend und im Geiste des Abkommens stehend nachgewiesen werden müssen,

- so genannte Diploma Supplements als ergänzende Beschreibung von Universitäts- oder Fachhochschuldiplomen und ihrer Qualifikation eingeführt werden und schließlich

- eine Informationspflicht besteht, wonach die Vertragsstaaten alle relevanten Informationen zum Aufbau ihrer Hochschulwesen zur Verfügung stellen.

Erstmals wurde auch ausdrücklich die Rolle der Informationsstellen für Anerkennungsfragen im Europäischen Netzwerk der Informationszentren (ENIC - European Network of Information Centers) bei der Bereitstellung der Informationen erwähnt, die hierdurch eine deutliche Aufwertung erfuhren.

Will man die Leistungen des Europarates mit denen anderer Akteure im hochschulpolitischen Umfeld Europas beurteilen, so sollte man dabei seine strukturellen Probleme nicht aus den Augen verlieren. Die Umsetzung der im Mai 1955 verabschiedeten Europäischen Kulturkonvention, in der sich die Unterzeichnerstaaten zum Schutz und zur Entwicklung ihres kulturellen Erbes verpflichten, erfolgt seit 1961 durch den „Rat für kulturelle Zusammenarbeit" (CDCC - Comité Directeur de la Coopération Culturelle), dessen Arbeit der Verantwortung der Außenminister der Mitgliedstaaten untersteht.[12] Er hält einen engen Kontakt zu anderen Einrichtungen wie der „Ständigen Konferenz der Europäischen Bildungsminister", dem „Komitee für Kultur, Jugend, Bildung, Medien und Sport" des Europäischen Parlaments und dem „Komitee für Kultur, Bildung und Medien" der „Ständigen Konferenz der lokalen und regionalen Behörden

---

[11] Vgl. hierzu und zum Folgenden: Artikel III.3, Artikel III.4, Artikel III.5 und Artikel IX.3.

[12] Vgl. Kruse, Judith: Europäische Kulturpolitik am Beispiel des Europarates, Münster 1993, S.70ff.

Europas".[13] In auf drei bis vier Jahre beschränkten Hauptprojekten behandelt der CDCC fest umrissene Themen, um hierzu Empfehlungen, Deklarationen oder Dokumentationen zu erarbeiten. Diese Programme können zwar durch kurzfristige Aktivitäten wie Fachkonferenzen ergänzt werden, müssen sich aber in einen von den Ministern vorgegebenen mittelfristigen Rahmen einordnen und somit stetig wechselnden Vorgaben folgen.[14] Nicht nur darin, sondern vor allem auch in seinen beschränkten Rechten, institutionellen Strukturmängeln sowie der sehr geringen Finanzausstattung des Rates für kulturelle Zusammenarbeit liegen die Schwächen des Europarates im Bildungssektor.[15] Wenngleich er als Ideengeber für die Politik der Europäischen Gemeinschaft nicht unterschätzt werden sollte, hatten seine Übereinkommen, mit Ausnahme der Konvention über die Gleichwertigkeit der Reifezeugnisse, lange Zeit keinen entscheidenden Einfluss auf das grenzüberschreitende Lernen in Europa und er selbst nahm lediglich eine „marginale Rangstellung"[16] im Feld der europäischen Bildungspolitik ein.[17]

Erst seit der Intensivierung der Kommunikation zwischen dem Europarat und der Europäischen Gemeinschaft lassen sich größere Erfolge des Rates in der Förderung grenzüberschreitender Bildungszusammenarbeit feststellen.[18] Erheblichen Einfluss zeigt hierbei die Lissabon-Konvention von 1997, die in dieser Arbeit noch eingehender betrachtet werden wird. Obwohl die Vereinbarung lediglich eine freiwillige Selbstverpflichtung darstellt und noch nicht von allen am Bologna-Prozess beteiligten Staaten ratifiziert wurde (so auch nicht von Deutschland), hat sie sich schnell zu einer Grundlage in der Umsetzung der Beschlüsse von Bologna gerade in Hinsicht auf die Anerkennung von Studienabschlüssen und Studienzeiten entwickelt. Von Seiten der

---

[13] Vgl. Zmas, Aristoteles: Europäische Bildungspolitik. Grenzen und Möglichkeiten unter dem Kriterium der regulativen Idee von Bildung, Eitorf 2002, S.78.

[14] Vgl. Blanke (1994), S.11.

[15] Vgl. Zmas (2002), S.79.

[16] Hölzle (1994), S.11.

[17] Vgl. Hornberg (1999), S.100; Quarg, Gabriela: Die Zusammenarbeit des Europarates mit anderen internationalen Organisationen, in: Holtz (2000), S.260f.

[18] Vgl. Zmas (2002), S.79.

deutschen Hochschulen wird das Abkommen deshalb auch begrüßt und seine Ratifizierung seit geraumer Zeit gefordert.[19]

Im Bologna-Prozess selbst nimmt der Europarat ebenfalls eine nicht unerhebliche Rolle als Beobachter ein, auf die im dritten Teil dieser Arbeit ebenfalls noch näher eingegangen wird.

2.2. Die Bildungspolitik der Europäischen Gemeinschaft

2.2.1. Von den Anfängen zur europäischen Hochschulbildungspolitik

Anders als der Europarat nahm die Europäische Gemeinschaft von ihren Anfängen als Europäische Gemeinschaft für Kohle und Stahl (EGKS) an Einfluss auf Bereiche der nationalstaatlichen Bildungspolitik. Bereits im Gründungsvertrag vom 18. April 1951 fanden sich in Artikel 69 erste Bestimmungen für eine Anerkennung von Berufsbildungsabschlüssen in der Form, dass die Berufsbezeichnung eines Facharbeiters an eine gemeinsame Begriffsbestimmung durch die am Vertrag beteiligten Staaten gebunden werden sollte. Während dieses erste Übereinkommen noch sehr isoliert und auf die berufliche Anerkennung der Kohle- und Stahlarbeiter beschränkt war, ergab sich bereits mit dem Vertrag zur Gründung der Europäischen Wirtschaftsgemeinschaft (EWG) vom 25. März 1957 das Fundament für ein gemeinsames europäisches Bildungsrecht und die Basis für eine europäische (Hochschul-)Bildungspolitik.[20]

Als integralen Bestandteil der Niederlassungsfreiheit und der Freizügigkeit der Arbeitnehmer verpflichtete der EWG-Vertrag seine Mitgliedstaaten in Artikel 57 zu einer gegenseitigen „Anerkennung der Diplome, Prüfungszeugnisse und sonstige[r] Befähigungsnachweise"[21] und zielte zusammen mit Artikel 118 (Sozialvorschriften) und Artikel 128 (Kultur) auf eine enge Zusammenarbeit im Feld der „beruflichen Ausbildung und

---

[19] Vgl. Hochschulrektorenkonferenz: Deutschland im europäischen Hochschulraum - Plenar-Entschließung der HRK zu den Schlussfolgerungen aus der Bologna-Erklärung, o.O. 2001, ohne pag.
[20] Vgl. Zmas (2002), S.81.
[21] Artikel 57 (1) des Vertrags über die Gründung der Europäischen Wirtschaftsgemeinschaft (EWG).

Fortbildung"[22] sowie beim „nichtkommerziellen Kulturaustausch" und der Verbreitung von „Kenntnis[sen] (…) der Kultur und Geschichte der europäischen Völker"[23]. Während der Vertrag an sich keine Zuständigkeit der Gemeinschaft in bildungspolitischen Fragen vorsah, waren seine Kompetenzen in angrenzenden Politikfeldern, besonders im Bereich der Wirtschaftspolitik, aber weit genug gefasst, um Aktivitäten der EWG im Bereich der Bildungspolitik zumindest möglich erscheinen zu lassen.[24] Zu einer ersten Initiative unter Verweis auf Artikel 128 der Römischen Verträge kam es so auch schon am 2. April 1963, als der Europäische Rat einen Beschluss über die „Aufstellung allgemeiner Grundsätze für die Durchführung einer gemeinsamen Politik der Berufsausbildung"[25] verabschiedete.

In dem Beschluss, der vielfach als erste inhaltliche Konkretisierung europäischer Bildungspolitik angesehen wird,[26] zeigte sich bereits die auch für spätere Initiativen der Gemeinschaft typische Argumentation, dass durch ein gemeinsames Vorgehen im Bildungsbereich die Freizügigkeit der Arbeiter und die Möglichkeiten einer freien Ausbildung und Berufswahl gefördert werden könne und somit durch die Verträge gedeckt seien.[27] Dass die Gemeinschaft hierzu „die gesamte berufliche Ausbildung der Jugendlichen und Erwachsenen (…) bis zu mittleren Stellungen"[28] zählte, erweiterte ihr Betätigungsfeld deutlich. In der Folge neigten Rat und Kommission immer häufiger dazu, Bildungspolitik als Nebenprodukt von für den gemeinsamen Markt relevanten Verordnungen zu etablieren und diese aus wirtschafts- und sozialpolitischen Kompetenzen zu

---

[22] Artikel 118 (EWG).

[23] Ebd. Artikel 128.

[24] Vgl. Anweiler, Oskar [u.a.]: Bildungssysteme in Europa. Entwicklung und Struktur des Bildungswesens in zehn Ländern: Deutschland, England, Frankreich, Italien, Niederlande, Polen, Russland, Schweden, Spanien, Türkei, 4. Auflage, Basel 1996, S.26.

[25] 63/266/EWG, ohne pag.

[26] Vgl. Blanke (1994), S.19.

[27] Vgl. Beschluß des Rates vom 2. April 1963 über die Aufstellung allgemeiner Grundsätze für die Durchführung einer gemeinsamen Politik der Berufsausbildung, ohne pag.

[28] 63/266/EWG, ohne pag.

begründen.[29] So wurde in Artikel 12 der Verordnung über die Freizügigkeit der Arbeitnehmer vom 15. Oktober 1968 betont, dass Kinder von in anderen Mitgliedstaaten tätigen europäischen Arbeitnehmern die gleichen Rechte, Möglichkeiten und Voraussetzungen bezüglich der Teilnahme an Unterricht und beruflicher Ausbildung erhalten sollten wie Kinder von Inländern.[30] Nicht zum ersten Mal wurde somit auch der Bereich der schulischen Bildung tangiert, bereits im Jahr 1957 war die Gemeinschaft hier mit der Gründung der Europäischen Schulen für Kinder von in europäischen Institutionen tätigen Eltern aktiv geworden.

Dass Bildungspolitik nicht als Zuständigkeitsbereich der EWG in den Artikeln 2 und 3 des EWG-Vertrages genannt wurde, hinderte die Gemeinschaft also nicht daran, in Einzelfällen in dieses Themenfeld einzugreifen.[31] Hinter dem Handeln der europäischen Institutionen eine bildungspolitische Strategie zu sehen, war zu diesem Zeitpunkt indes noch verfrüht. Tatsächlich beschränkten sich die Tätigkeiten der Gemeinschaft fast ausschließlich auf die eng mit dem Arbeitsmarkt verknüpften Bildungsbereiche, über die im Rahmen einer Harmonisierung oder auf Basis eines gegenseitigen Vertrauensprinzips die Freizügigkeit der Arbeitskräfte gefördert werden sollte. Erst mit der Haager Gipfelkonferenz im Dezember 1969 begann eine Phase der intensiven bildungspolitischen Zusammenarbeit, in der die EWG auch verstärkt eigenständige Bildungsinitiativen entwickeln sollte.[32]

---

[29] Vgl. Thiele, Burkard: Die Bildungspolitik der Europäischen Gemeinschaft. Chancen und Versäumnisse der EG-Bildungspolitik zur Entwicklung des Europas der Bürger, Münster 2000, S.121; Becker, Helle: Zielgruppenerweiterung und europäische Bildungsprogramme – Systematische Wege für die europapolitische Bildung, in: Jopp, Mathias; Maurer, Andreas; Schneider, Heinrich (Hrsg.): Europapolitische Grundverständnisse im Wandel. Analysen und Konsequenzen für die politische Bildung, Bonn 1998, S.551.
[30] Vgl. Artikel 12 der Verordnung (EWG) Nr. 1612/68 des Rates vom 15. Oktober 1968 über die Freizügigkeit der Arbeitnehmer innerhalb der Gemeinschaft, ohne pag.
[31] Vgl. Zmas (2002), S.94.
[32] Vgl. ebd., S.83.

Die Haager Gipfelkonferenz, an der die sechs Mitglieder der Europäischen Wirtschaftsgemeinschaft teilnahmen, sollte den Weg für eine Vertiefung der Gemeinschaft und die Aufnahme weiterer Mitgliedstaaten ebnen. Gleichzeitig gab die Konferenz wichtige Impulse für die bildungspolitischen Bestrebungen der europäischen Gemeinschaft, indem festgestellt wurde, „dass die Bildung erheblich zur europäischen Integration beitragen"[33] könne und somit ein wichtiges Tätigkeitsfeld der Gemeinschaft werden sollte. Bildung wurde somit nicht mehr nur als Bestandteil der beruflichen Ausbildung, sondern auch als Mittel der Völkerverständigung betrachtet und die Mitgliedstaaten trugen diesem neuen Verständnis mit regelmäßigen Treffen ihrer Bildungsminister Rechnung. Kurze Zeit später, im Jahr 1973, wurde auch die Generaldirektion für Forschung, Wissenschaft und Bildung als europäische Institution mit Tätigkeitsschwerpunkt im Bildungsbereich gegründet, deren Basis mit zwei Kommissionsberichten gelegt wurde: dem 1972 veröffentlichten Jeanne-Report und dem ein Jahr später erschienenen Dahrendorf-Bericht.

Der Jeanne-Report bewertete die bisherigen Bildungsinitiativen der Europäischen Gemeinschaft als sehr begrenzt, bejahte aber gleichzeitig die Existenz einer europäischen Bildungspolitik, die über die Römischen Verträge abgesichert und legitimiert sei.[34] Dem Bericht zufolge sollten Wirtschafts- und Bildungspolitik in Zukunft deutlich enger miteinander verzahnt werden und Angleichungs- und Harmonisierungsprozesse im wirtschaftlichen Bereich entsprechenden Niederschlag in der Bildungspolitik der Mitgliedstaaten finden.[35] Konkret schlug die Expertenkommission vor:[36]

- eine europäische Dimension in den allgemein bildenden Unterricht einzuführen,

- den Fremdsprachenunterricht stärker zu fördern,

- Lehrer-, Schüler- und Studentenaustausche zu unterstützen,

---

[33] Hilpold, Peter: Bildung in Europa: unter besonderer Berücksichtigung der EU-Bildungsprogramme, Baden-Baden 1995, S.44.
[34] Vgl. Hölzle (1994), S.21.
[35] Vgl. Kommission der Europäischen Gemeinschaft (Hrsg.): Für eine gemeinschaftliche Bildungspolitik, in: Bulletin der EG, Beilage 10/1973, Brüssel 1973, S.10f.
[36] Vgl. ebd., S.55ff.

- die Kooperationen von Bildungseinrichtungen zu stärken sowie

- eine Gleichwertigkeit der Abschlusszeugnisse zu sichern.

Schließlich formulierte der Jeanne-Report als wesentliche Grundzüge einer Gemeinschaftspolitik „die nationalen Strukturen und Überlieferungen im Erziehungsbereich gewissenhaft zu wahren, dabei aber gleichzeitig die unerlässliche Harmonisierung durch eine ständige Konzentration auf allen Ebenen und eine immer stärkeren Bildungsaustausch zu fördern"[37].

Nur ein Jahr später, im Mai 1973, konkretisierte der nach dem deutschen Liberalen und für die Generaldirektion Forschung, Wissenschaft und Bildung zuständigen Kommissar Ralf Dahrendorf benannte Dahrendorf-Bericht die bildungspolitischen Bestrebungen der Gemeinschaft. Der Bericht formulierte, dass „das Bildungswesen unter keinen Umständen einfach als Bestandteil des Wirtschaftslebens angesehen werden" dürfe, „die Einführung einer Zusammenarbeit im Bereich des Bildungswesens [aber] der Wirtschafts- und Sozialpolitik in der Gemeinschaft [entsprechen] und gleichzeitig den speziellen Zielen und Interessen dieses Bereichs gerecht werden"[38] müsse. Als mittelfristige Ziele für das Bildungswesen der europäischen Staaten forderte Dahrendorf:

- „die Durchsetzung des Bürgerrechts auf Bildung und Chancengleichheit aller;

- die Bewältigung der Probleme neuer Größenordnungen (‚Massenproblem') im sekundären und tertiären Bildungswesen;

- das Verhältnis von Bildung und Beruf (Bildungsinhalte, Bedarfsstrukturen, Karrierechancen usw.);

- die Erkundung neuer technischer und organisatorischer Methoden zur Öffnung des Weges in die ‚lebenslange Bildung';

- die qualitativen Veränderungen der Bildungsinhalte und der Organisation des Bildungswesens im Lichte der Forderungen

---

[37] Kommission der Europäischen Gemeinschaft (1973), S.55.
[38] Zit. nach Zmas (2000), S.84.

nach Demokratisierung und der Tendenz zur kritischen Distanzierung von Wirtschaft und Gesellschaft"[39].

Der Bericht schlug zunächst vor, alle notwendigen Informationen über den Zustand und die Entwicklung des Bildungswesens in den Mitgliedstaaten der Europäischen Gemeinschaft zu sammeln und somit den Ist-Zustand der europäischen Bildungssysteme zu untersuchen. Auf Basis dieser Informationen sollten dann Strategien entwickelt werden, um die Bildungspolitik der Nationalstaaten zwar nicht zu harmonisieren, zumindest aber insofern zu koordinieren, dass ein weiteres Auseinanderdriften der Systeme vermieden werde.[40]

Ein Jahr nach dem Dahrendorf-Memorandum, im März 1974, legte die EG-Kommission dem Ministerrat einen ersten Entwurf für ein Aktionsprogramm über das Bildungswesen in der Europäischen Gemeinschaft vor, das am 9. Februar 1976 in das „Aktionsprogramm für die Zusammenarbeit im Bildungsbereich" mündete.[41] Seine Schwerpunkte lagen vor allem in der Intensivierung des Informationsaustausches zwischen den verschiedenen Bildungssystemen, der Verbesserung des Fremdsprachenunterrichts und schließlich auch in einer verstärkten Zusammenarbeit auf dem Gebiet des Hochschulwesens.[42] Gleichzeitig wurde von der Europäischen Kommission angeregt, das Studium in den Bereichen der Curricula und der Prüfungsinhalte zu europäisieren.[43] Hierfür wurde als Ergänzung des bereits 1963 ins Leben gerufenen „Beratenden Ausschusses für Berufsausbildung" die Einrichtung eines ständigen Ausschusses für Bildungsfragen aus Vertretern der Mitgliedstaaten und der

---

[39] Dahrendorf, Ralf: Forschung, Wissenschaft und Bildung. Wissenschaftliche und technische Informationen. Arbeitsprogramm, Brüssel 1973, S.4f.

[40] Vgl. Hölzle (1994), S.24.

[41] Vgl. Kommission der Europäischen Gemeinschaft (Hrsg.): Das Bildungswesen in der Europäischen Gemeinschaft, in: Bulletin der EG, Beilage 3/1974, Brüssel 1974, S.3ff.

[42] Vgl. Entschließung des Rates und der im Rat vereinigten Minister für Bildungswesen vom 9. Februar 1976 mit einem Aktionsprogramm im Bildungsbereich, ohne pag.

[43] Vgl. List, Juliane: Universitäten im internationalen Wettbewerb. Wie attraktiv sind deutsche Hochschulen für ausländische Studenten?, Köln 1997, S.6.

Kommission vereinbart, der die Koordinierung des Programms gewährleisten und Beschlüsse für die künftigen Entwicklungen im Bereich des Bildungswesens vorbereiten sollte. Noch im selben Jahr, im November 1976, eröffnete in Florenz auch das von den sechs Mitgliedstaaten der EWG bereits 1972 initiierte Europäische Hochschulinstitut (EUI – European University Institute) seine Pforten, dessen Aufgabe es sein sollte, „durch sein Wirken auf dem Gebiet des Hochschulunterrichts und der Forschung zur Entwicklung des kulturellen und wissenschaftlichen Erbes Europas"[44] beizutragen. Die bis dahin vernachlässigte und lediglich im Rahmen der wirtschaftlichen Harmonisierung tangierte europäische Bildungspolitik hatte einen enormen und maßgeblichen Impuls erfahren.[45]

2.2.2. Vom „Europa der Bürger" zum Vertrag von Maastricht

Getragen vom Gedanken eines „Europas der Bürger" entwickelte die Kommission in den folgenden Jahren eine rege bildungs- politische Tätigkeit.[46] Unterstützung erhielt sie dabei durch die Rechtsprechung des Europäischen Gerichtshofes (EuGH).[47] Dieser hatte 1974 im Casagrande-Urteil formuliert, dass „die Bildungspolitik (…) zwar als solche nicht zu den Materien [gehöre], die der Vertrag der Zuständigkeit der Gemeinschafts- organe unterworfen hat. Daraus folgt aber nicht, dass die Ausübung der der Gemeinschaft übertragenen Befugnisse irgendwie eingeschränkt wäre, wenn sie sich auf Maßnahmen auswirken kann, die zur Durchführung etwa der Bildungspolitik ergriffen worden sind"[48]. Im Gravier-Urteil vom 13. Februar 1985 erweiterte der EuGH den Rahmen der EG-Aktivitäten zusätzlich, indem er ausführte, dass „jede Form der Ausbildung, die auf eine Qualifikation für einen bestimmten Beruf oder eine bestimmte

---

[44] Artikel 2 (1) des Übereinkommens über die Gründung eines europäischen Hochschulinstituts, S.1.
[45] Vgl. Hölzle (1994), S.26.
[46] Vgl. Blanke (1994), S.23f; Cludius, Stefan: Die Kompetenzen der Europäischen Gemeinschaft für den Bereich der Bildungspolitik, Frankfurt a.M [u.a.] 1995, S.2f.
[47] Vgl. Laurien, Hanna-Renate: Kultur- und Bildungspolitik in Europa – Brennende Zukunftsfragen, in: Vogel, Bernhard; Laurien, Hanna-Renate; Berchem, Theodor: Kultur und Bildung in Europa, Köln 1990, S.26.
[48] EuGH, RS. 9/74, Slg. 1974, S.779.

Beschäftigung vorbereitet oder die die besondere Befähigung zur Ausübung eines solchen Berufes oder einer solchen Beschäftigung verleiht, (…) zur Berufsausbildung [gehöre], und zwar unabhängig vom Alter und vom Ausbildungsniveau der Schüler oder Studenten und selbst dann, wenn der Lehrplan auch allgemein bildenden Unterricht enthält"[49]. Ähnlich äußerte sich der Gerichtshof schließlich im Blaizot-Urteil vom 2. Februar 1988, in dem eine Hochschulausbildung sogar generell als Berufsausbildung klassifiziert wurde und der Hochschulsektor somit weit für die Politik der Europäischen Gemeinschaft geöffnet wurde.[50]

Die Institutionen der Europäischen Gemeinschaft konnten nach diesen Urteilen nicht mehr nur dann im Bereich der Bildung tätig werden, wenn dies als Nebeneffekt von Aktivitäten in durch die EWG-Verträge gedeckten Politikfeldern wie der wirtschaftlichen Harmonisierung auftrat. Vielmehr begründete das Gravier-Urteil „ein eigenes Bildungsrecht, das allen Bürgern der EU, unabhängig von ihrem beruflichen Status oder dem ihrer Angehörigen"[51] zustand und eigene bildungspolitische Initiativen der Gemeinschaft legitimierte. Für explizit auf das Bildungsressort und somit auf außerhalb der vertraglich festgeschriebenen Politikfelder der Gemeinschaft zielende Programme entwickelte sich so auch schnell ein koordiniertes Vorgehen der Gemeinschaft, das in der so genannten „Gemischten Formel" resultierte. In ihr entschieden der Rat und die im Rat vereinigten Vertreter der Regierungen, hier also die Bildungsminister, gemeinsam und einstimmig über die Annahme von Rechtsakten für den Bildungsbereich. Diese (rechtlich allerdings umstrittene) Beschlussfassungsart wurde immer dann gewählt, wenn deutlich gemacht werden sollte, dass die gefassten Beschlüsse trotz mangelnder Kompetenz der EG im Rahmen der Gemeinschaftsverfassung durchgesetzt werden sollten.[52]

Am 15. Juni 1987 wurde per Beschluss des Ministerrates das ERASMUS-Programm (European Action Scheme for the Mobility of University Students) ins Leben gerufen, das als wohl

---

[49] EuGH, RS. 293/83, Slg. 1985, S.594.
[50] Vgl. De Wit, Kurt: The Consequences of European Integration for Higher Education, in: Higher Education Policy, Volume 16, 2003 (2), S.162.
[51] Thiele (2000), S.142.
[52] Vgl. Blanke (1994), S.23.

bekanntestes und auch erfolgreichstes Aktionsprogramm der Europäischen Gemeinschaft im Bereich der Hochschulbildungs-politik auf die Förderung der Mobilität von Hochschulstudenten zielte. Das im weiteren Verlauf der Arbeit noch im Detail beschriebene Programm sollte Studierende durch eine finanzielle Förderung sowie durch eine Erleichterung der Anerkennung der im Rahmen eines Auslandsstudiums erworbenen Studienleistungen zu erhöhter Mobilität zwischen den europäischen Hochschulen ermutigen. Zugleich zielte es darauf ab, die Zusammenarbeit der Mitgliedstaaten auf dem Gebiet des Hochschulwesens durch die Einrichtung und Aufrechterhaltung eines europäischen Hochschul-netzes zu fördern und in diesem Zusammenhang auch den Aus-tausch des universitären Lehrpersonals zu intensivieren.[53] Dank ERASMUS gelang es der EG, die Studentenmobilität und die Zahl der grenzüberschreitenden Hochschulkooperationen binnen weniger Jahre zu vervielfachen.

So erfreulich und erfolgreich das Programm aus Sicht der Studierenden und Hochschulen jedoch auch war, die rechtliche Basis, auf der es ins Leben gerufen wurde, war umstritten.[54] Bei seiner Verabschiedung hatte sich der Rat auf Artikel 128 und Artikel 235 EWG-Vertrag sowie auf den Ratsbeschluss vom 2. April 1963 über die „Aufstellung allgemeiner Grundsätze für die Durchführung einer gemeinsamen Politik der Berufsausbildung" gestützt.[55] Die Europäische Kommission stand dem Verweis auf Artikel 235, der dem Rat ein Tätigwerden über seine in den Römischen Verträgen festgelegten Kompetenzen hinaus erlaubte, jedoch mehr als kritisch gegenüber. Im Gegensatz zum Rat wollte sie die Bedeutung des Programms lediglich im Rahmen des Engagements auf dem Feld der Berufsausbildung verstanden sehen und legte die Entscheidung deshalb dem Europäischen Gerichtshof zur Prüfung vor. Dieser entschied zu Gunsten des Rates, da das Programm seiner Meinung nach nicht nur den Bereich der Berufsausbildung betraf, sondern auch den Bereich der wissenschaftlichen Forschung tangierte, also ein Tätigkeitsfeld, das durch die Änderungen der am 1. Juli 1987 in Kraft getretenen Einheitlichen Europäische Akte (EEA) für die EG eröffnet worden war. Damit bejahte das Gericht, dass ein Aktionsprogramm

---

[53] Vgl. Blanke (1994), S.26; Zmas (2002), S.86; Hölzle (1994), S.87.
[54] Vgl. Hölzle (1994), S.88.
[55] Vgl. Hölzle (1994), S. 95.

überhaupt im erfolgten Umfang Einfluss auf den Hochschulbereich nehmen dürfe und dass dieser Schritt durch Gemeinschaftsrecht gedeckt sei.[56] Vor allem in Deutschland sorgte diese Rechtssprechung des EuGH für Widerspruch. Die Bundesländer, im föderalen System der Bundesrepublik für die Organisation und Durchführung der Bildungspolitik verantwortlich, betrachteten die Entscheidungen des Gerichtshofs als Eingriff in ihre Autonomie und warnten in einer gemeinsamen Stellungnahme ihrer Kultusminister davor, dass „weite und wichtige Bereiche ausschließlicher Landeskompetenz unter den Vorbehalt des Gemeinschaftsrechts und der Gemeinschaftspolitik gestellt"[57] würden. Gleichzeitig stellten juristische Gutachten fest, dass der Bund Kompetenzen an die Europäische Gemeinschaft und später an die Europäische Union auch dann abtreten dürfe, wenn ihm diese Politikbereiche nach dem Grundgesetz nicht zugeordnet seien.[58] Da dies im besonderen Maße auch für die Bildungspolitik gelte, befürchteten die deutschen Länder einen verstärkten Trend zur Harmonisierung auf europäischer Ebene und somit den Verlust eigener Zuständigkeiten. Mit Blick auf die Aussagen der Kommission, nach der das ERASMUS-Programm „eine schrittweise Annäherung der Bildungsinhalte und –methoden in Europa festlege"[59], erschienen solche Befürchtungen durchaus berechtigt und auch andere europäische Staaten, beispielsweise Dänemark und Großbritannien, begegneten den neuen Harmonisierungstendenzen deshalb mit offenem Misstrauen.[60] Obwohl die Aktionsprogramme vom Wortlaut her „kein Land verpflichteten, sich an den

---

[56] Vgl. Lemke, Dietrich: Bildungspolitik in Europa. Perspektiven für das Jahr 2000. Eine Analyse europäischer Bildungssysteme, Hamburg 1992, S.11f.

[57] Hölzle (1994), S.97.

[58] Vgl. Gallwas, Hans-Ulrich: Bildungsföderalismus in der Europäischen Gemeinschaft unter rechtlichen Aspekten, München 1991, S.6ff; Böck, Michael: Deutsches Bildungsverwaltungsrecht und Europa. Der Einfluß des Europarechts auf das deutsche Bildungsverwaltungsrecht, Baden-Baden 1994, S.187ff. Gegenteilige Meinung: Oppermann, Thomas: Europäisches Gemeinschaftsrecht und deutsche Bildungsordnung: „Gravier" und die Folgen, Bad Honnef 1987, S.35ff.

[59] Hölzle (1994), S.97.

[60] Vgl. ebd. S.198.

Programmen zu beteiligen"[61], waren die Länder zudem verbindlich angehalten, ihren Hochschulen, anderen Bildungs-trägern und staatlichen wie privaten Institutionen die Teilnahme an den Programmen zu ermöglichen.[62] Hinzu kamen starke finanzielle Anreize, auf die de facto kaum ein Staat verzichten konnte bzw. wollte.[63] Von einer freiwilligen Teilnahme an den Programmen konnte somit keine Rede mehr sein und die Staats- und Regierungschefs drängten in der Folge auf klare rechtliche Grenzen und Regelungen, in deren Rahmen sich die Bildungstätigkeiten der Gemeinschaft bewegen sollten.

Die Verhandlungen zur Gründung der Europäischen Union boten Kritikern wie Befürwortern der europäischen Bildungspolitik die Möglichkeit, die Kompetenzen der Union zu hinterfragen und neu zu regeln. Der Vertrag von Maastricht vom 7. Februar 1992 nahm zum ersten Mal den „Beitrag zu einer qualitativ hochstehenden allgemeinen und beruflichen Bildung sowie zur Entfaltung des Kulturlebens in den Mitgliedstaaten"[64] als Ziel der Union auf und fügte ein eigenes Kapitel über die allgemeine und berufliche Bildung in den dritten Teil („Die Politiken der Gemeinschaft") ein. Damit verfügte Brüssel nun erstmals über eigene und festgeschriebene Kompetenzen in diesen Bildungsbereichen.[65] Vor allem die Artikel 126 (jetzt Artikel 149) und Artikel 127 (jetzt Artikel 150) bildeten hierbei das Fundament für das zukünftige gemeinschaftliche Handeln im Bildungssektor, indem sie formulierten, dass „die Gemeinschaft (…) zur Entwicklung einer qualitativ hochstehenden Bildung dadurch bei[tragen solle], daß sie die Zusammenarbeit zwischen den Mitgliedstaaten fördert und die Tätigkeit der Mitgliedstaaten unter strikter Beachtung der Verantwortung der Mitgliedstaaten für die Lehrinhalte und die

---

[61] Walkenhorst, Heiko: Zwischen Harmonisierung und Subsidiarität. Der Kompetenzstreit um die EG-Bildungspolitik, Köln 1997, S.54.
[62] Vgl. Bektchieva, Jana: Die europäische Bildungspolitik nach Maastricht, Münster 2004, S. 21f.
[63] Vgl. Böck (1994), S.190f.
[64] Vertrags zur Gründung der Europäischen Gemeinschaft (EGV), Art. 3.
[65] Vgl. Fürst, Andreas: Die Bildungspolitischen Kompetenzen der Europäischen Gemeinschaft. Umfang und Entwicklungsmöglichkeiten, Frankfurt am Mai 1999, S.98.

Gestaltung des Bildungssystems sowie der Vielfalt ihrer Kulturen und Sprachen erforderlichenfalls unterstützt und ergänzt."[66]

Dies umfasste, wie Artikel 126 weiter ausführte, vor allem die Bereiche der:

- „Entwicklung der europäischen Dimension im Bildungswesen, insbesondere durch Erlernen und Verbreitung der Sprachen der Mitgliedstaaten;

- Förderung der Mobilität von Lernenden und Lehrenden, auch durch die Förderung der akademischen Anerkennung der Diplome und Studienzeiten;

- Förderung der Zusammenarbeit zwischen den Bildungseinrichtungen [sowie den]

- Ausbau des Informations- und Erfahrungsaustauschs über gemeinsame Probleme im Rahmen der Bildungssysteme der Mitgliedstaaten (…)"[67].

Durch die neuen Artikel wurde der gesamte Bildungsbereich inklusive der schulischen und universitären Ebenen zur europäischen Vertragsmaterie gemacht.[68] Doch während die Gemeinschaft damit einerseits einen ausdrücklichen Handlungs-auftrag erhielt, wurden ihre Gestaltungsrechte andererseits auf die Förderung der Zusammenarbeit der Mitgliedstaaten beschränkt.[69] Die einzelnen Staaten blieben alleinig für die Strukturen ihrer Bildungssysteme und die zu vermittelnden Lernziele und -inhalte verantwortlich, wodurch der Vertrag lediglich die bereits durch die Rechtsprechung des EuGH entwickelten Kompetenzen der Gemeinschaft festschrieb.[70] Damit hatte sich eine Gruppe von Mitgliedstaaten um die Bundesrepublik Deutschland durchgesetzt, die das im Vertrag verankerte Subsidiaritätsprinzip besonders für den Bereich der Bildung betonte.[71]

---

[66] Art. 126 (I) EGV.

[67] Ebd. Art. 126 (II).

[68] Vgl. Janssen, Bernd: Bildungspolitik, in: Weidenfeld, Werner; Wessels, Wolfgang: Jahrbuch der Europäischen Integration 1991/1992, Bonn 1992, S.201.

[69] Vgl. Bektchieva (2004), S.28.

[70] Vgl. Blanke (1994), S.36.

[71] Vgl. ebd. S.65.

Nach Meinung einiger Kommentatoren blieb der Vertrag mit den neuen Regelungen „in der Intensität und in der Breite der Aussagen [sogar] deutlich hinter bereits erreichten inhaltlichen Positionen"[72] zurück. Für sie stellt die Verankerung der Bildungspolitik in den Maastrichter Verträgen lediglich einen „Akt des Minimalkonsens" dar, in dem die Vertragspartner dem Druck nachkamen, einen breit gefächerten und dynamischen Politikbereich aufzunehmen, gleichzeitig aber davor zurückschreckten, die Souveränitätsrechte der Mitgliedstaaten im Bildungssektor anzutasten.[73] Die Bildungshoheit der Mitgliedstaaten wurde „nicht ernsthaft in Frage gestellt"[74] und der Vertrag blieb „weiterhin unentschieden zwischen Bildungspolitik als Unionsmaterie und der Union als ein Rahmen der intergouvernementalen Zusammenarbeit im Bildungswesen"[75]. Obwohl der Union nach wie vor die Wege der mittelbare Förderung von Angleichungen im Bildungssektor über „goldene Zügel"[76] in Form finanzieller Fördermittel offen stand, „zeigten die neuen Entwicklungen der EU-Bildungspolitik nach Maastricht, dass (...) der Ansatz zu gemeinschaftlichem Handeln schwächer wurde"[77].

2.2.3. Aktionsprogramme und Entwicklungen nach Maastricht

Unbestritten war der Europäischen Union, die durch den Vertrag von Maastricht begründet wurde, durch das bildungspolitische Harmonisierungsverbot der unmittelbare Zugriff auf den gesamten Bildungsbereich erheblich erschwert worden.[78] Die Schranken aus den Artikeln 126 und 127 wurden allerdings sowohl vom Europäischen Parlament als auch von einem nicht unerheblichen Teil von Juristen als nicht absolut bindend betrachtet und das Ziel der „Entwicklung einer qualitativ hoch stehenden Bildung" als höherrangig gegenüber der nationalstaatlichen Autorität

---

[72] Janssen (1992), S.201.
[73] Vgl. Bektchieva (2004), S.29; Emmert, Frank: Europarecht, München 1996, S.32f.
[74] Thiele (2000), S.160.
[75] Janssen, Bernd: Bildungspolitik, in: Weidenfeld, Werner; Wessels, Wolfgang (Hrsg.): Jahrbuch der Europäischen Integration, Bonn 1994, S.212.
[76] Blanke (1994), S.74.
[77] Bektchieva (2004), S.45.
[78] Vgl. Münch, Joachim: Bildungspolitik, Hohengehren 2002, S.149.

bewertet.[79] Trotzdem waren Versuche, gemeinsame europäische Studieninhalte oder Hochschulstrukturen unmittelbar in den nationalen Bildungssystemen zu verankern, nun nicht (mehr) möglich und Harmonisierungsbestrebungen mussten sich zukünftig weitgehend auf die Bereiche der Anerkennung von Berufs- und Hochschulabschlüssen und der Koordinierung beruflicher Bildungsfragen beschränken.[80] Auf der anderen Seite ermöglichten die klaren Regelungen im Vertragswerk der Union nun, ihre bereits bestehenden bildungspolitischen Aktionsprogramme auszuweiten.[81]

Bereits am 1. Juli 1987 war das ERASMUS-Programm mit einem Finanzvolumen von 85 Mio. ECU in Kraft getreten. Sein Hauptziel war es, die geringe Mobilitätsbereitschaft der derzeit ca. 6 Millionen europäischen Studierenden zu fördern und die Quote der Studierenden, die mindestens ein Semester lang außerhalb ihres Geburtslandes studiert hatten, von unter 1% (Stand: 1987) langfristig auf mindestens 10% zu steigern. Vier Punkte sollten dabei eine tragende Rolle spielen:[82]

- die Einrichtung und Aufrechterhaltung eines europäischen Kooperationsnetzes zwischen den Hochschulen der verschiedenen Mitgliedstaaten (Hochschulkooperationsprogramme - HKP),

- die Bereitstellung von Auslandsstipendien für Studenten,

- die Verbesserung der Anerkennung von im europäischen Ausland erworbenen Studienabschlüssen und Studienzeiten sowie

- die Förderung der Mobilität durch Erasmuspreise, Intensivkurse, Konferenzen und Veröffentlichungen.

---

[79] Vgl. Zmas (2002), S.123f.
[80] Vgl. Linsenmann, Ingo: Bildungspolitik, in: Weidenfeld, Werner; Wessels, Wolfgang (Hrsg.): Europa von A bis Z. Taschenbuch der europäischen Integration, Bonn 2002, S.92.
[81] Vgl. De Wit (2003), S.163f.
[82] Vgl. Europäische Kommission: Die Zusammenarbeit im Bildungsbereich in der Europäischen Union 1976-1994, Luxemburg 1994, S.21.

Dank des Programms gelang es, die Studentenmobilität innerhalb von drei Jahren von unter 1% auf knapp 3% zu steigern.[83] Auch die Zahl der Hochschulkooperationsprogramme (HKP), die wahlweise die Themen der grenzüberschreitenden Studenten- oder Dozentenmobilität, der gemeinsamen Entwicklung neuer Lehrpläne oder der Intensivprogramme zur europäischen Bildung umfassten, wurde von 898 im Jahr 1987/1988 auf 2041 im Jahr 1988/1989 mehr als verdoppelt.[84] Nachdem die erste Phase von ERASMUS 1990 ausgelaufen war, wurde die Fördersumme für die zweite auf vier Jahre angelegte Phase auf 192 Mio. ECU mehr als verdoppelt. Knapp 400000 Studenten, darunter fast 60000 Deutsche, konnten daraufhin in den acht Jahren der Programmlaufzeit einen stipendienfinanzierten Teil ihres Studiums an einer Hochschule der Europäischen Union oder der Europäischen Freihandelszone (EFTA) absolvieren.[85]

Im Jahr 1990 startete das 1989 durch den Europäischen Rat beschlossene Aktionsprogramm LINGUA, dessen Ziel die quantitative und qualitative Förderung von Fremdsprachen-kenntnissen in der Europäischen Union war. Erreicht werden sollte dies durch:[86]

- eine finanzielle Unterstützung der Fortbildung von Fremdsprachenlehrern,

- eine Steigerung der Mobilität von Sprachstudenten,

- eine Vertiefung der Fremdsprachenkenntnisse im Berufsleben und

- den Austausch von am Ausbildungsprozess orientierten Jugendlichen.

Mit einer auf vier Jahre verteilten Finanzausstattung von 200 Millionen ECU konnten bis 1994 über 650 Hochschul-

---

[83] Vgl. Erasmus: Studenten werden immer mobiler, in: Eurydice Info, Nr.8, Dezember 1989, S.4.
[84] Vgl. Hölzle (1994), S.88.
[85] Vgl. Hödl, Erich; Zegelin, Wolf: Hochschulreform und Hochschulmanagement. Eine kritische Bestandsaufnahme der aktuellen Diskussion, Marburg 1999, S.426.
[86] Vgl. Zmas (2002), S.87.

kooperationsprojekte realisiert und 21000 Studierende gefördert werden.[87]

Ebenfalls 1990 startete das im gleichen Jahr vom Ministerrat angenommene Aktionsprogramm TEMPUS, das darauf abzielte, die Zusammenarbeit der Europäischen Union mit den Ländern Mittel- und Osteuropas im Bereich der Erneuerung und Entwicklung von Hochschulsystemen zu intensivieren. Gefördert werden sollten auch hier die Studentenmobilität sowie die „qualitative und quantitative Verbesserung des bildungspolitischen Niveaus"[88] der im Programm adressierten Länder. Das mit 320 Millionen ECU dotierte Programm unterstützte zwischen 1990 und 1994 über 1700 Gemeinschaftsprojekte und zahlte mehr als 6800 Mobilitätszuschüsse für Studierende der Transformationsländer.[89]

Nicht nur in den Aktionsprogrammen, auch in der Schaffung bzw. dem Ausbau von Instrumenten zur Vergleichbarkeit von Studien-leistungen wurde die Union aktiv.[90] Dabei konzentrierte sie sich ganz auf die in Artikel 126 des Vertrags von Maastricht geforderte Unterstützung bei der Sicherung einer hohen Qualität der Lehre sowie die Förderung von Mobilität. Eine wichtige Rolle spielte hierbei der Auf- und Ausbau des European Credit Transfer and Accumulation Systems (ECTS), das erstmals im Rahmen des ERASMUS-Programms 1989 für eine beschränkte Auswahl von Hochschulen eingeführt wurde.

Das Europäische System zur Übertragung und Akkumulierung von Studienleistungen zielt darauf ab, über die systematische Erfassung von Studieninhalten, bei der diesen so genannte Credits zugeteilt wurden, verschiedene Studiengänge und Abschlüsse in Europa vergleichbar zu machen und die Anerkennung von Studienleistungen speziell für ERASMUS-Studenten zu verbessern. Darüber hinaus soll es zusätzliche Leistungen für mobile Studierende umfassen, die den Wechsel an eine Universität im europäischen Ausland erleichtern können. Auf Plenartreffen der beteiligten Hochschulen wurden diese Elemente konkretisiert. Das

---

[87] Vgl. Hödl (1999), S.427.
[88] Zmas (2002), S.87.
[89] Vgl. Europäische Kommission (1994), S.28.
[90] Vgl. Maiworm, Friedhelm: ERASMUS: continuity and change in the 1990s, in: European Journal of Education, Volume 36, 2001 (4), S.466ff.

erste Treffen in Brüssel am 26./27. Januar 1989 definierte so als „main conclusions" die Ziele:

- „ausgeglichene (="reasonably balanced") Studentenflüsse zwischen den Mitgliedstaaten,

- hinreichende Fremdsprachenvorbereitungen,

- intensive Beratungen für Studenten,

- Bereitstellung von Informationsmaterial (="information packages") durch alle teilnehmende Hochschulen,

- Einsatz von EDV in standardisierten Teilen des ECTS"[91].

145 Hochschulen und Institutionen der höheren Bildung in ganz Europa nahmen an der ersten sechsjährigen Pilotphase teil, in der die Anwendbarkeit des Systems in verschiedenen Bildungssystemen und Studiengängen untersucht wurde. Ab 1997 konnten dann sämtliche europäische Hochschulen im Rahmen des 1994 gestarteten SOKRATES-Programms am ECTS teilnehmen.[92]

Trotz vereinzelter Kritik an Details der Aktionsprogramme, dem ECTS und der als zu gering erachteten finanziellen Ausstattung der Bildungsinitiativen erwies sich das Vorgehen der Union gerade unter dem Aspekt der Mobilitätsförderung als großer Erfolg. Zwar wurde die angestrebte Mobilitätsrate von 10 % zu keiner Zeit erreicht, nichtsdestotrotz lag sie aber jederzeit um das vier- bis fünffache höher als vor dem Start von ERASMUS, TEMPUS und LINGUA. Diese positive Resonanz und auch die zunehmende Zahl der einzelnen Programme veranlassten die Union 1994 nach langen Verhandlungen zwischen Parlament und Rat, die Programme ERASMUS und LINGUA sowie die Programme zur Einführung von Fachleuten und politischen Entscheidungsträgern in Bildungsbereiche (ARION), das Informationsnetzwerk zum Bildungswesen in Europa (EURYDICE) und das Netzwerk nationaler Informationszentren für Fragen der akademischen Anerkennung in den Mitgliedstaaten der Europäischen Union (NARIC) in einem gemeinsamen Aktionsprogramm, dem SOKRATES-Programm, zusammenzufassen.[93] Ebenfalls integriert

---

[91] Hochschulrektorenkonferenz: EG-Hochschulmemorandum und Credit Transfer in Europa, Bonn 1993, S.1.
[92] Vgl. Europäische Kommission (2004), S.f.
[93] Vgl. Bektchieva (1994), S.46.

wurden die Programme zur Schulbildung (COMENIUS) sowie zur Erwachsenenbildung (GRUNDTVIG) und zur Förderung von Informations- und Kommunikationstechnologien in der Bildung (MINERVA), womit insgesamt acht Schwerpunkte für das Programm definiert wurden.[94]

SOKRATES stellt bis heute das zentrale Programm für Aktivitäten der Europäischen Union im Bereich der Hochschulbildungspolitik dar. Seine Ziele umfassen die:

- „Verstärkung der europäischen Dimension der Bildung auf allen Ebenen,

- Verbesserung der Kenntnisse in den europäischen Sprachen,

- Förderung der Zusammenarbeit und der Mobilität in allen Bildungsbereichen,

- Unterstützung der Innovation im Bildungswesen [sowie die]

- Förderung der Chancengleichheit in allen Bildungsbereichen"[95].

Als Budget für die erste fünfjährige Programmlaufzeit (1994 bis 1999) wurden 850 Millionen ECU gewährt, was zwar einer erneuten Steigerung der Ausgaben für diesen Politikbereich entsprach, jedoch weiter hinter den Forderungen des Europäischen Parlaments zurück blieb. In den kommenden Jahren wurden über SOKRATES mehr als 500000 Studierendenaustausche realisiert. Obwohl die erste Phase des SOKRATES-Programms bereits am 31. Dezember 1999 endete, konnte der offizielle Beschluss des Europäischen Parlaments und des Rates über die Durchführung der zweiten bis heute laufenden Programmphase auf Grund der Unstimmigkeiten über die finanzielle Ausstattung und die Beteiligung der assoziierten Staaten erst am 24. Januar 2000 verabschiedet werden.[96] Sie ist mit einem Gesamtbudget von 1,85 Milliarden Euro auf sieben Jahre angelegt und insgesamt 31 Länder nehmen heute an SOKRATES teil, darunter alle Staaten

---

[94] Vgl. Europäische Kommission: Sokrates. Gemeinschaftliches Aktionsprogramm im Bereich der allgemeinen Bildung (2000-2006). Neue Horizonte für die Bildung, Luxemburg 2002, S.3.

[95] Europäische Kommission (2002), S.3.

[96] Vgl. Europäische Kommission: Übergang von Sokrates I zu Sokrates II, ohne pag.

der Europäischen Union, drei EFTA-Länder sowie die assoziierten Länder und die Türkei.

3. Der Bologna-Prozess

Obwohl der Europarat und die Europäische Union, wie zu Beginn des zweiten Kapitels bereits erwähnt, nicht die einzigen Akteure der europäischen Hochschulbildungspolitik waren, stellten sie doch seit dem Vertrag von Maastricht die treibenden und dominanten Kräfte in diesem Politikfeld dar. Es gelang ihnen damit, Kompetenz und Einfluss auf einem Gebiet zu entwickeln, das von den Nationalstaaten selbst recht stiefmütterlich behandelt wurde, denn von binationalen Konzepten gemeinsamer Studiengänge und nationaler Förderprogramme einmal abgesehen, zeigten die Mitgliedstaaten der Union im allgemeinen wenig Initiative bei der Förderung der studentischen Mobilität im europäischen Raum. Lange Zeit deutete auch nichts darauf hin, dass sich an diesem Zustand etwas ändern sollte. Umso überraschender erscheint deshalb die Entstehung jenes Prozesses, mit dem sich diese Arbeit schwerpunktmäßig beschäftigt und der seinen Ausgang in einer gemeinsamen Erklärung der Bildungsminister Frankreichs, Italiens, Deutschlands und Großbritanniens bei der 500-Jahr-Feier der Universität Sorbonne im Mai 1998 fand: dem Bologna-Prozess. Mit ihm wird gemeinhin jene Entwicklung bezeichnet, die „die Schaffung eines gemeineuropäischen Hochschulraumes (EHEA – European Higher Education Area) parallel zu, und verzahnt mit, der Entwicklung eines europäischen Forschungsraumes (ERA – European Research Area) zum Ziel hat"[97] und in der sich am 19. Juni 1999 in Bologna 29 (bzw. 30)[98] europäische Staaten zusammenschlossen. Obwohl

---

[97] Kohler, Jürgen: Bologna und die Folgen, in: Benz, Winfried; Kohler, Jürgen; Landfried, Klaus (Hrsg.): Handbuch Qualität in Studium und Lehre. Evaluation nutzen - Akkreditierung sichern - Profil schärfen, Berlin 2004, Abschnitt A 1.1, S.2.

[98] Als offizielle Erstmitgliedstaaten gelten in der wissenschaftlichen Literatur Belgien, Bulgarien, Dänemark, Deutschland, Estland, Finnland, Frankreich, Griechenland, Großbritannien, Irland, Island, Italien, Lettland, Litauen, Luxemburg, Malta, die Niederlanden, Norwegen, Österreich, Polen, Portugal, Rumänien, Schweden, Schweiz, Spanien, die Slowakische Republik, Slowenien, die Tschechische Republik und Ungarn. Allerdings wurde bei der Bekanntgabe der Vereinbarung die Unterschrift Liechtensteins übersehen, das deshalb erst in der Nachfolgekonferenz in Prag rückwirkend als Unterzeichner bestätigt wurde. Somit müssten originär 30 Staaten als Erstunterzeichner gelten.

unerwartet, war die Entstehung des Bologna-Prozesses rückblickend jedoch keine Entwicklung aus heiterem Himmel, sondern eine „zwangsläufige Folge verschiedener Tendenzen"[99] auf der europäischen und den nationalen Ebenen der Hochschulbildungspolitik. Eben diese Tendenzen, die für das Handeln der verantwortlichen Minister ausschlaggebenden Motivationen sowie die Diskussionen auf nationaler Ebene sollen in den folgenden Kapiteln dargestellt werden, um anschließend einen detaillierten Blick auf die verschiedenen Elemente und Strukturen des Prozesses zu ermöglichen.

3.1. Gründe für die Harmonisierung des europäischen Hochschulraumes

Trotz der eindeutigen Fortschritte in der Förderung studentischer Mobilität durch das ECTS und die europäischen Aktionsprogramme blieben für wechselwillige Studierende und auch für Postgraduierte bei einem Aufenthalt im Ausland zentrale Fragen unbeantwortet. Die partielle Inkompatibilität der europäischen Hochschulsysteme durch unterschiedliche Kurs- und Studienstrukturen führte immer wieder dazu, dass Studienleistungen nach einem Auslandsstudium nicht oder nur teilweise anerkannt wurden.[100]

Am Ende der neunziger Jahre wies Europa eine Vielfalt an Hochschulsystemen auf, die sogar die Zahl der Mitgliedstaaten selbst übertraf und sich in fast allen Bereichen teilweise gravierend unterschieden:[101]

---

[99] Heß, Jürgen: Der Bologna-Prozeß: Die europäische Perspektive der Hochschulentwicklung. Wirkungsmechanismen und Zielsetzungen bei der Schaffung eines europäischen Hochschulraumes, in: Wissenschaftsrecht, Band 36, 2003 (4), S.273.

[100] Vgl. Tauch, Christian: The Bologna Process: state of implementation and external dimension, in: Muche, Franziska (Ed.): Opening up to the Wider World. The External Dimension of the Bologna Process, Bonn 2005, S.23f.

[101] Vgl. Haug, Guy; Kirstein, Jette: Project Report. Trends in Learning Structures in Higher Education. o.O. 1999, S.2ff; Haug, Guy; Tauch, Christian: Towards the European higher education area: survey of main reforms from Bologna to Prague, o.O. 2001, S.12ff; Kyvik, Svein: Structural Changes in Higher Education Systems in Western Europe, in: Higher Education in Europe, Volume 29, 2004 (3), S.394ff.

- die Hochschullandschaft war teilweise unitarisch, teilweise auch binär strukturiert, d.h. sie kannte entweder nur eine Hochschulart im tertiären Bildungsbereich, die aber unterschiedliche Studienangebote bereithielt (z.b. in Spanien oder Großbritannien) oder sie verfügte über verschiedene Lehr- und Forschungsinstitutionen im Hochschulraum (z.b. in Deutschland mit Fachhochschulen, Universitäten und Gesamthochschulen).

- Die Studiengänge waren entweder relativ lang und eingliedrig (z.b. in Deutschland, Österreich, der Schweiz, Griechenland, Spanien und Italien) oder in angelsächsischer Tradition kürzer und mehrgliedrig (z.b. in Großbritannien, Schweden, Norwegen und Malta).

- Der Hochschulzugang erfolgte entweder, von einzelnen Regelungen wie dem Numerus-clausus-Prinzip abgesehen, über eine schulisch erworbene allgemeinen Zugangsberechtigung (z.b. Deutschland, Belgien, Österreich und Frankreich) oder zusätzlich über nationale (z.b. in Griechenland) oder hochschulinterne Zugangsprüfungen (z.b. in Finnland).

- Eine Qualitätssicherung an den Hochschulen war entweder nicht vorhanden (z.b. in Deutschland) oder fand über Akkreditierungs- und Zulassungsverfahren in sehr unterschiedlicher Ausprägung statt (z.b. in Großbritannien oder Spanien).

- Die Leistungsbewertung an Hochschulen wurde in sehr unterschiedlicher Weise gehandhabt, wobei sich die statistischen Mittelwerte der Notengebung erheblich unterschieden. Kreditpunktesysteme existierten entweder gar nicht, wurden auf Basis der ECTS teilweise eingeführt oder waren vollständig implementiert (z.b. in den Niederlanden, den skandinavischen und baltischen Ländern oder Zypern).

- Das akademische Jahr war teilweise in Semester (in den meisten Staaten), teilweise auch in Trimester (z.b. in Großbritannien und Irland) oder in Studieneinheiten gegliedert (z.b. in Frankreich und Dänemark).

- Studiengebühren wurden entweder gar nicht (z. B. in Deutschland, den skandinavischen Ländern und Griechenland)

31

oder bereits ab dem ersten Semester erhoben (z.B. in den Niederlanden und Großbritannien).

Der von Guy Haug und Jette Kirstein im Auftrag der European University Association erstellte Trends-I-Report stellte gleichzeitig jedoch zahlreiche gemeinsame Entwicklungen in den Reformen der nationalen Bildungssysteme fest, die bis in die sechziger Jahre zurückgingen und vor allem das Prinzip der Hochschulen als Eliteausbildungsstätten zu Gunsten der Entwicklung von Massenuniversitäten negierten, in denen ein immer größerer Teil der Studienberechtigten zu einem wissenschaftlichen Abschluss geführt werden sollte.[102] Die Finanzierung der Systeme hielt mit diesen steigenden Anforderungen jedoch nur selten Schritt, wodurch sich eine erhebliche Verschlechterung der Betreuungsverhältnisse ergab, die wiederum zu einem Anstieg des durchschnittlichen Absolventenalters, zu erhöhten Dropout-Quoten und einer sinkenden Qualität der universitären Lehre führte. Bei im Ausland erworbenen Abschlüssen hemmten zudem Unsicherheiten der Arbeitgeber über die Inhalte und den Wert ausländischer Grade die Mobilität der europäischen Arbeitnehmer.[103]

Problematisch war dies gerade unter dem Aspekt neuer Entwicklungen am Arbeitsmarkt, durch die seit Mitte der 90er-Jahre eine Flexibilisierung und Öffnung der Märkte mit einem steigenden Bedarf an jungen und qualifizierten Arbeitskräften beobachtet werden konnte.[104] Ausschlaggebend hierfür, so formulierte das 1996 erschienene Weißbuch "Lehren und Lernen – Auf dem Weg zur kognitiven Gesellschaft" der Europäischen Kommission exemplarisch, waren „drei große Umwälzungen"[105], die die europäische Gesellschaft grundlegend beeinflussten und die auch die Politiken der Gemeinschaft aufgreifen mussten:[106]

- die Umwandlung der EU in eine Informationsgesellschaft,

- die Globalisierung der Weltwirtschaft und

---

[102] Vgl. Haug; Kirstein (1999), ohne pag.
[103] Vgl. Hödl; Zegelin (1999), S.443f.
[104] Vgl. Weise, Christian: Globalisierung, Wettbewerb und Bildungspolitik, Berlin 2000, S.4.
[105] Europäische Kommission: Weißbuch "Lehren und Lernen – Auf dem Weg zur kognitiven Gesellschaft", Luxemburg 1996, S.10.
[106] Vgl. Europäische Kommission (1996), S.11ff.

- die Herausbildung einer wissenschaftlich-technischen Zivilisation.

Tatsächlich wurden Forschung und Wissenschaft im globalen Wettbewerb immer mehr zum Motor für wirtschaftlichen Fortschritt und Erfolg.[107] Mehrere Studien hatten einen engen Zusammenhang zwischen der Leistungsfähigkeit nationaler Bildungssysteme und deren Wirtschaftsentwicklung gezeigt und festgestellt, dass „die Globalisierung der Wirtschaft und der wissenschaftlich-technische Fortschritt (...) Einfacharbeitsplätze vermehrt überflüssig [mache] und (...) neue Stellen, mit z.t. hohem Anforderungsniveau entstehen"[108] lasse. Um den Arbeitsmarkt zu fördern, sei deshalb eine stärkere Kooperation zwischen Hochschulen und Wirtschaft erforderlich, die in einer stärkeren Berufsorientierung der Studiengänge resultieren solle.[109] Von den Hochschulen wurde damit eine größere Verantwortung bei der Bereitstellung und Nutzung von Wissen eingefordert, in der sie stärker als bisher einen Technologie- und Know-how-Transfer in die Wirtschaft leisten sollten.[110] Starre Studienstrukturen mit einer Fixierung auf formale Bildungsabschlüsse und langwierige Studiengänge wie das Diplom wurden dafür zunehmend als Bedrohung betrachtet, die die wirtschaftliche Entwicklung schwächten.[111] Schleichend hatte sich so ein Bedeutungswandel der Hochschulbildung ergeben, denn war Bildung im Europa der Bürger noch primär eine partizipatorische Rolle zugekommen, in

---

[107] Vgl. Liefner, Ingo; Schätzl, Ludwig; Schröder, Thomas: Reforms in German Higher Education: Implementing and Adapting Anglo-American Organizational and Management Structures at German Universities, in: Higher Education Policy, Volume 17, 2004 (1), S.23.

[108] Rheinberg, Alexander: Qualifikationen und Chancen auf dem deutschen Arbeitsmarkt, in: Wilkens, Herbert (Red.): Bildungsreform aus ökonomischer Sicht. Beiheft zur Konjunkturpolitik, Zeitschrift für angewandte Wirtschaftsforschung, Heft 51, Berlin 2001, S.21.

[109] Vgl. Hödl; Zegelin (1999), S.82ff; Weidenfels; Wessels (2002), S.92ff; Fuchs, Hans-Werner; Reuter, Lutz: Bildungspolitik in Deutschland. Entwicklungen, Probleme, Reformbedarf, Opladen 2000, S.47.

[110] Vgl. Siegers, Josef: Europäisierung des Arbeitsmarktes, Globalisierung des Gütermarktes und Kooperation zwischen Hochschulen und Wirtschaft, in: Hochschulrektorenkonferenz: Hochschule und Wirtschaft als Partner in Weiterbildung und Wissenstransfer auf dem europäischen Arbeitsmarkt, Bonn 1996a, S.26f.

[111] Vgl. Europäische Kommission (1996), S.22.

der die Entwicklung der eigenen Persönlichkeit einen zentralen Aspekt einnahm, wurde sie jetzt vor allem als Investition in die Zukunft bewertet, in der die Anwendung wissenschaftlicher Erkenntnisse in Ökonomie und Technik die Grundvoraussetzung für eine positive wirtschaftliche Entwicklung darstelle.[112]

Den europäischen Hochschulen war eine Vermittlung von Studierenden in den Arbeitsmarkt bisher weitgehend fremd gewesen und das Ziel einer wirtschaftlichen Ausrichtung des Studiums hatte keine Priorität besessen.[113] Dies änderte sich nun, denn anders als 1988, als Hochschulrektoren europäischer und internationaler Universitäten in der „Magna Charta Universitatum" noch die „Freiheit der Forschung, der Lehre und der Ausbildung" in der „Tradition des europäischen Humanismus" und des Strebens nach „universalem Wissen" postuliert hatten[114], forderten die deutschen Rektoren nun selber eine stärkere Orientierung des Hochschulstudiums an beruflichen Belangen.[115] Dabei sollte nicht nur rein technisches Wissen eine wichtige Rolle spielen, sondern vor allem die „Kombination von Grundkenntnissen sowie Fachkenntnissen und sozialen Kompetenzen"[116].

Um dies zu erreichen, wurde unter anderem auf die Förderung der Mobilität von Studierenden und auf die damit verbundene Vermittlung von Fremdsprachenkenntnissen gesetzt. Sie sollte gleichzeitig dem europäischen Binnenmarkt zu Gute kommen und als Internationalisierung von Forschung und Lehre einige positive „Sekundärfunktionen"[117] mit sich bringen. Durch die frühzeitige Vermittlung europäischer Werte und Ideale an die künftigen „gesellschaftlichen, politischen und wirtschaftlichen Führungs-kräfte"[118] der Welt sollten wirtschaftliche Kooperationen mit dem Ausland in Zukunft leichter fallen und der europäische

---

[112] Vgl. Hödl; Zeglin (1999), S.83.

[113] Vgl. Strömholm, Stig: Markt, Fabrik oder Heiliger Hain? Gedanken zur Hochschule in der Gesellschaft, in: Hochschulrektorenkonferenz: Gegenwart der Hochschule – Zukunft der Gesellschaft, Braunschweig 1995, S.50.

[114] Vgl. Die Magna Charta der Universitäten, Bologna 1988, ohne pag.

[115] Vgl. Hochschulrektorenkonferenz: Konzepte für die Entwicklung der Hochschulen in Deutschland, Bonn 1992a, S.21f.

[116] Europäische Kommission (1996), S.19f.

[117] Hochschulrektorenkonferenz: Arbeitsbericht 1991, Bonn 1991, S.10.

[118] Hochschulrektorenkonferenz (1996), S.12.

Binnenmarkt gestärkt werden. Auch hierin war ein Agendenwechsel festzustellen, denn Anfang der achtziger Jahre waren internationale Bildungskooperationen zumeist noch als Entwicklungshilfe im Nord-Süd-Dialog verstanden worden. Obwohl sich diese Sicht in einer Reihe internationaler Deklarationen fortsetzte, so zum Beispiel dem Abschlussdokument der UN-Weltkonferenz "Bildung für Alle" von 1990, dem Schlussdokument der 4.UN-Weltfrauenkonferenz von Beijing 1995 und dem des UN-Weltsozialgipfels von Kopenhagen 1995, waren seit Mitte der neunziger Jahre in Europa vermehrt Stellungnahmen aus Politik und Gesellschaft festzustellen, die das Ausländer- und Auslandsstudium in einen internationalen Kontext wirtschaftlicher und gesellschaftlicher Beziehungen setzten.[119] Der Deutsche Akademische Austauschdienst (DAAD) stellte hierzu fest, dass es „das Potenzial an Absolventen deutscher Hochschulen aus den Entwicklungsländern (...) zu erschließen [gelte], um diesen Personenkreis verstärkt als Partner (...) der Wirtschaft zu gewinnen."[120] Auch die Hochschulrektorenkonferenz (HRK) formulierte in ihrem Arbeitsbericht 1991, dass durch einen internationalen Austausch zahlreiche „positive (außen)wirtschaftlichen Effekte"[121] erreicht werden könnten und selbst Bundespräsident Roman Herzog äußerte in seiner Novemberrede 1997, dass eine internationale Hochschullandschaft für eine positive wirtschaftliche Entwicklung zwingend notwendig sei.[122] Ziel von Reformen sollte es deshalb sein, den Weiterbildungsstandort Deutschland einerseits und die Hochschulsysteme Europas andererseits „international wettbewerbsfähig und präsent zu machen."[123]

Der europäische Hochschulraum trat damit in eine bewusste und gewünschte Konkurrenz zum US-amerikanischen Hochschulsystem, das gleichzeitig auch als Leitbild für die Reform-

---

[119] Vgl. List (1997), S.39; Österreichische Bildungszusammenarbeit (Hrsg.): Bildungszusammenarbeit. Sektorpolitik der Österreichischen Entwicklungszusammenarbeit, Wien 2000, S.2.
[120] Deutscher Akademischer Austausch Dienst: Entwicklungszusammenarbeit, ohne pag.
[121] Hochschulrektorenkonferenz (1991), S.11.
[122] Vgl. Herzog, Roman: Aufbruch in der Bildungspolitik, in: Rutz, Michael (Hrsg.): Aufbruch in der Bildungspolitik. Roman Herzogs Rede und 25 Antworten, München 1997, S.15.
[123] Münch (2002), S.146.

bestrebungen betrachtet wurde.[124] Das im März 2000 deklarierte Ziel des Europäischen Rates, die EU bis 2010 „zum wettbewerbsfähigsten und dynamischsten wissensbasierten Wirtschaftsraum in der Welt"[125] zu machen, warf schon zu dieser Zeit seine Schatten voraus und erforderte eine deutliche Stärkung der wissenschaftlichen Lehre und Forschung in Europa. Mit ihren diversen und im vorherigen Kapitel bereits beschriebenen Aktionsprogrammen hatte die Union ihren Teil hierzu beigetragen, gefordert waren nun Reformen der Nationalstaaten, die neben einer stärkeren Profilbildung der Hochschulen auch gesteigerte Effizienz in der Wissensvermittlung, eine Neustrukturierung des Studiums und eine höhere Durchlässigkeit der Studienstrukturen umfassen sollten.

3.2. *Die Reformdiskussion in Deutschland*

Was für die europäischen Hochschulen galt, traf teilweise noch in verschärfter Form für die deutschen Universitäten zu. Der bereits in den sechziger Jahren eingeleitete Wechsel von einer Eliteausbildungsstätte hin zur Massenuniversität war nicht mit einer entsprechenden Ausweitung finanzieller und personeller Mittel einhergegangen und sorgte für eine stetig steigende Kapazitätsaus- und -überlastung.[126] Während im Jahr 1960 lediglich 291 000 Personen an Hochschulen eingeschrieben waren, stieg diese Zahl bis 2004 auf über 2 Millionen Studierende an. Gleichzeitig sank der Anteil für Bildungsausgaben am Bruttoinlandsprodukt von über 5,5 % im Jahr 1975 auf knapp 3,3 % im Jahr 2002.[127] Die Zahl der Studierenden pro Stelle wissenschaftlichen Personals hatte sich im gleichen Zeitraum von 9 auf 19 mehr als verdoppelt.[128] Auch die Studiendauer bis zum ersten berufsqualifizierenden Abschluss erhöhte sich erheblich. 1994 studierten über 160 000 Studierende im neunzehnten oder

---

[124] Vgl. Münch (2002), S.145.
[125] European Parliament: European Council Lisbon. Conclusions of the presidency, o.O. 2000, in:
http://www.europarl.eu.int/bulletins/pdf/1s2000en.pdf (10.10.2005), S.12 (P.E. „the most competitive and dynamic knowledge-based economy in the world").
[126] Vgl. Fuchs; Reuter (2000), S.108f.
[127] Vgl. Statistisches Bundesamt: Statistisches Jahrbuch 2004, Wiesbaden 2004, S.155.
[128] Vgl. Hödl; Zegelin (1999), S.16f.

einem höheren Hochschulsemester und das Durchschnittsalter der Universitätsabsolventen war auf 27,7 Jahre gestiegen.[129] Während die Hochschulen einerseits von Sparmaßnahmen betroffen waren, wandelten sich gleichzeitig die an sie gestellten Erwartungen, getrieben nicht zuletzt durch die Politik als Reaktion auf ungünstige wirtschaftliche Entwicklungen.[130] Stand, wie erwähnt, in den sechziger Jahren noch der Gedanke der Universität als humanistische Lehr- und Forschungsstätte im Vordergrund, wurde den Hochschulen in den folgenden Jahren immer stärker die Aufgabe gestellt, „die Mehrheit der Studenten auf eine berufliche Stellung in der Wirtschaft oder im öffentlichen Dienst vorzubereiten"[131].

Dieses Phänomen wurde von Hochschulen wie wissenschaftlichen Institutionen gleichermaßen als problematisch erachtet. Die traditionellen einstufigen, forschungsorientierten Studiengänge der Universitäten erwiesen sich für eine praxisnahe Ausbildung zunehmend als ungeeignet und mit der Verschlechterung des Betreuungsverhältnisses der Studierenden stieg die Quote der Studienabbrecher (Dropout-Quote) bis 2002 stetig auf über 30 % an.[132] Bereits in den 60er-Jahren hatte daher eine Diskussion über eine grundlegende Reform des Hochschulsystems eingesetzt, die eine Differenzierung des Hochschulwesens als notwendige Reaktion auf die geänderten Rahmenbedingungen formulierte. Als mögliche Modelle wurden hierbei die Etablierung verschiedenen Hochschultypen, die Einführung von Kurzstudiengängen und die Schaffung gestufter Studiengänge und –abschlüsse formuliert.[133] Zumindest letztere Forderungen wurden nicht realisiert, da sich

---

[129] Vgl. Hödl; Zegelin (1999), S.39.

[130] Vgl. Teichler, Ulrich: The Federal Republic of Germany, in: Neave, Guy; Van Vught, Frans (Ed.): Prometheus Bound. The Changing Relationship between Government and Higher Education in Western Europe, Oxford [u.a.] 1991, S.30ff.

[131] Hödl; Zegelin (1999), S.106; Bund-Länder-Kommission für Bildungsplanung und Forschungsförderung: Gemeinsame Position zur europäischen Bildungspolitik. Beschlussfassung der Kommission vom 17. Juni 1996, Bonn 1996, S.3f.

[132] Vgl. Erhardt, Manfred: Mehr Qualität und Leistung durch Wettbewerb und Eigenverantwortung, in: Aus Politik und Zeitgeschichte, 2002 (26), S.3ff.

[133] Vgl. Teichler, Ulrich: Europäische Hochschulsysteme: Die Beharrlichkeit vielfältiger Modelle, Frankfurt a.M. 1990, S.62.

auch die Hochschulen selbst gegen die als „Schmalspur-
studiengänge"[134] abgewerteten Konzepte stellten. Mit der
Entwicklung und Errichtung von Fachhochschulen als
praxisorientierte Bildungsstätten wurde seit 1968 jedoch
zumindest die in der Reformdiskussion geforderte Differenzierung
im Hochschulsystem geschaffen. Den Plänen nach sollten die
Fachhochschulen den größeren Teil der an einer beruflichen
Qualifizierung interessierten Studienwilligen aufnehmen und zu
einem Abschluss führen.[135] Tatsächlich aber erfüllten sich diese
Hoffnungen nicht, ein erheblicher Teil der gestiegenen
Studierendenzahlen wurde weiterhin von den Universitäten
aufgenommen und auch die seit 1971 errichteten Gesamthochschulen konnten diese nicht wesentlich entlasten.[136] Die
strukturellen Kapazitätsprobleme des Hochschulsektors blieben so
bestehen, führten zu „Abstrichen (...) in der Lehr- und
Forschungsqualität"[137] und resultierten in anhaltenden
Diskussionen über die Notwendigkeit umfassender Reformen.

Die Konzepte zur Einführung zweistufiger Studiengänge wurden
in den achtziger Jahren deshalb erneut in die Reformdiskussion
eingeführt. Während die Entwürfe der sechziger Jahre noch vom
Erhalt der traditionellen Studiengänge mit veränderten Curricula
ausgingen[138], wurde in Publikationen nun erstmals auch explizit
die „Anlehnung an den „Bachelor" und den „Master" in
angelsächsischen Ländern"[139] empfohlen, mit der eine Verkürzung
der Studienzeiten und eine Verringerung der Abbrecherquoten
erreicht werden sollte.[140] Entsprechende Gedanken wurde auch
von der Hochschulrektorenkonferenz in ihrem „Konzept zur
Entwicklung der Hochschulen in Deutschland" von 1992
aufgegriffen und verstärkt in die politische Diskussion gebracht.
Die HRK argumentierte hierbei, dass dem Forschungsbezug für
ein berufsvorbereitendes Studium ein geringeres Gewicht zufalle

---

[134] Im Interview mit Roland Thierfelder am 19.Juli 2005.
[135] Vgl. Hödl, Zegelin (1999), S.61f.
[136] Vgl. ebd., S.111f.
[137] Wissenschaftsrat: Empfehlungen für die Planung des Personalbedarfs
der Universitäten, Köln 1991, S.42.
[138] Vgl. Wissenschaftsrat: Empfehlung zur Neuordnung des Studiums an
den wissenschaftlichen Hochschulen, Bonn 1966, S.16ff.
[139] Hödl; Zegelin (1999), S.113.
[140] Vgl. Turner, George: Massenuniversität und Ausbildungsnotstand –
Wie die Krise überwunden werden kann, Frankfurt a.M. 1984, S.95ff.

als der zeitlichen Verkürzung der Ausbildung.[141] Auch der Wissenschaftsrat erneuerte seine Forderungen nach einer Strukturreform des Bildungssystems, indem er in seinen „10 Thesen zur Hochschulpolitik" eine Zweiteilung des Studiums in ein berufsbezogenes, grundständiges Studium und ein anschließendes forschungsorientiertes Graduiertenstudium zur Ausbildung des wissenschaftlichen Nachwuchses skizzierte.[142] Gleichzeitig gingen einzelne Hochschulen dazu über, ihren Studierenden auch ohne ausdrückliche Verankerung der Abschlüsse im Hochschulsystem Deutschlands Bachelor- und Masterabschlüsse anzubieten. Fachhochschulen nahmen dabei in Kooperation mit englischen Universitäten, vornehmlich als Reaktion auf ihre wenig beliebte Diplomergänzung „(FH)", eine Vorreiterrolle ein, die auch auf Bundesebene zu Reaktionen führte.[143] In der 4. Novelle des Hochschulrahmengesetzes (HRG) wurde 1998 deshalb die Möglichkeit der Einführung von BA- und MA-Studiengängen vorgesehen, die vor allem darauf abzielte:

- „Die Verweil- und Fachstudienzeiten an Universitäten zu verkürzen,

- die Kompatibilität des deutschen Studiensystems mit der Studienstruktur ausländischer Hochschulsysteme zu verbessern,

- die Konkurrenzfähigkeit der Hochschulabsolventen auf einem sich zunehmend globalisierenden Arbeitsmarkt zu erhöhen [sowie]

- den mit falschen Erwartungen oder auch in Überschätzung ihrer Fähigkeiten ins Studium gegangenen Studienberechtigten einen früheren, zertifizieren Abschluß anzubieten."[144]

Die Politik reagierte damit auch auf zahlreiche Stimmen, die Deutschland seit Mitte der neunziger Jahre als wenig attraktiven

---

[141] Vgl. Hochschulrektorenkonferenz (1992a), S.23ff.

[142] Vgl. Wissenschaftsrat: 10 Thesen zur Hochschulpolitik, Köln 1993, S.18ff.

[143] Im Interview mit Hans Rainer Friedrich am 14.Juli 2005; Adam, Stephen: Transnational Education Project. Report and Recommendations, o.O. 2001, S.23.

[144] Hödl; Zegelin (1999), S.116.

Studienort für ausländische Studierende bewerteten.[145] Der Anteil „echter" ausländischer Studenten, also solcher Studierender, die ihren Wohnort für ihr Studium aus dem Ausland nach Deutschland verlagerten, lag 1996 bei lediglich 3,6 %, was von Politikern wie Vertretern der Hochschulen gleichermaßen als unzureichend bewertet wurde.[146] Am 5. November 1997 hatte Bundespräsident Roman Herzog in seiner Rede „Aufbruch in der Bildungspolitik" öffentlich eine Reformpolitik gefordert, die deutsche Hochschulen für ausländische Studierende öffnen sollte. Die Tatsache, dass „die Söhne und Töchter [der ausländischen Eliten] (...) inzwischen lieber hohe Studiengebühren"[147] zahlten, anstatt an deutschen Hochschulen zu studieren, führten seiner Meinung nach zu einem massiven Verlust an Internationalität und Bindungen, die es auszugleichen gelte.

Im Zentrum der Kritik stand eine Reihe von Missständen, die allgemeine Mängel wie die Unterfinanzierung des Hochschulsystems mit einer entsprechenden Überfüllung der Studiengänge und eine mangelnde Leistungsdifferenzierung ebenso einschloss wie ausländerspezifische Probleme auf Grund fehlender Leistungspunktesysteme und einer unzureichenden Strukturierung des Studiums.[148] Besonders schwerwiegend für die geringen Ausländerstudierendenzahlen waren laut Untersuchungen der HRK jedoch nicht primär diese Aspekte, sondern die „Inkompatibilität der deutschen Studienstrukturen zu dem weltweit dominierenden Modell anglo-amerikanischen Typs"[149]. Um die Attraktivität deutscher Hochschulen zu steigern, forderte die HRK daher eine „größere Kompatibilität des deutschen Studiums"[150] zum international anerkannten und verbreiteten zweistufigen Modell. Auch andere Untersuchungen zu den Gründen der geringen und abnehmenden Zahl ausländischer Studierender stellten fest:

---

[145] Vgl. List (1997), S.5.
[146] Vgl. Hochschulrektorenkonferenz: Attraktivität durch internationale Kompatibilität. Zur Zulassung insbesondere ausländischer Studierender zu Graduierten- und Promotionsstudien in Deutschland, Berlin 1996b, S.6.
[147] Herzog (1997), S.14.
[148] Vgl. Fuchs; Reuter (2000); S.112f; Plünnecke, Axel: Bildungsreform in Deutschland. Eine Positionsbestimmung aus bildungsökonomischer Sicht, Köln 2003, S.43ff.
[149] Hochschulrektorenkonferenz (1996b), S.10.
[150] Ebd. aaO.

„Die wesentlichen Hemmnisse, die gegen einen Aufenthalt ausländischer Studenten und Nachwuchswissenschaftler sprechen, sind bekannt. Sie liegen neben den Sprachschwierigkeiten vor allem in Systemunterschieden: Zwischen dem Hochschul- und Forschungssystem in der Bundesrepublik und den international führenden Systemen der USA, Englands und Frankreichs besteht nur geringe Kompatibilität."[151]

Während die HRK zu diesem Zeitpunkt eine vollständige Umwandlung des deutschen Systems durch eine Übernahme anglo-amerikanischer Strukturen noch als „realistisch ohnehin nicht kurzfristig zu erwarten"[152] bewertete, wurden entsprechende Forderungen von Seiten der Hochschulen immer deutlicher gestellt.[153] Hinrich Seidel, Präsident der Universität Hannover und ehemaliger Präsident der Europäischen Hochschulrektoren-konferenz, antwortete schon 1995 auf die Frage, „wie wir denn mit diesem Phänomen fertig werden, dass wir etwa dreißig Prozent Studierende haben, die nicht an unsere Institutionen gehören" wie folgt:

„Wir schaffen Studiencurricula, so dass wir einen weltweit an sechzig oder siebzig Prozent der Universitäten üblichen Abschluß anbieten. So könnten ohne Gesichtsverlust, ohne psychische Zerstörung und auch ohne Verlust an Investitionen durch die Gesellschaft junge Menschen mit einem Abschluß die Universität verlassen."[154]

Der Weg für die Einführung neuer Studienstrukturen schien also geebnet und erste Entwicklungen waren bereits implementiert worden.[155] Umfassende Reformen waren bisher jedoch durch

---

[151] Hödl; Zegelin (1999), S.444.

[152] Hochschulrektorenkonferenz (1996b), S.12.

[153] Vgl. Richter, Roland: Gestufte Studiengangsysteme im Ausland. Auf dem Weg von Bologna nach Prag, in: Welbers, Ulrich (Hrsg.): Studienreform mit Bachelor und Master. Gestufte Studiengänge im Blick des Lehrens und Lernens an Hochschulen. Modelle für die Geistes- und Sozialwissenschaften, Neuwied [u.a.] 2001, S.143.

[154] Seidel, Hinrich (Präsident der Universität Hannover) im Rahmen einer Plenardiskussion zum Thema „Zu wenig neues aus der Denkfabrik?", in: Hochschulrektorenkonferenz (1995), S.88.

[155] Vgl. Hahn, Karola: The Changing Zeitgeist of German Higher Education and the Role of GATS, in: Higher Education in Europe, Volume 28, 2003 (2), S.200ff.

innenpolitische Akteure blockiert worden und erst durch einen Anstoß von Außen, ein Ereignis auf internationaler Ebene, sollte ein „(hochschul-)politischer Paradigmenwechsel"[156] eingeleitet werden.[157]

3.3. Sorbonne und Bologna als Geburtsorte des Bologna-Prozesses

Dieser internationale Impuls erfolgte am 25. Mai 1998, als die Bildungsminister der vier größten Mitgliedstaaten der Europäischen Union (Deutschland, Frankreich, Großbritannien und Italien) im Rahmen der 800-Jahr-Feier der Pariser Universität Sorbonne die „Sorbonne-Erklärung" unterschrieben, eine „Gemeinsame Erklärung zur Harmonisierung der Architektur der europäischen Hochschulbildung". Vorausgegangen waren Gespräche der „Großen Vier" in London, zu denen der französische Minister für Bildung, Forschung und Technologie, Claude Allègre, eingeladen hatte. Für Deutschland nahm hieran der damalige Wissenschaftsminister Jürgen Rüttgers teil, Italien entsandte mit Luigi Berlinguer seinen Minister für öffentlichen Unterricht, Universitäten und Forschung und für Großbritannien, das zu dieser Zeit auch die EU-Ratspräsidentschaft inne hatte, reiste die Ministerin für Höhere Bildung, Tessa Blackstone, an. Beeindruckt von den Fortschritten im wirtschaftlichen Einigungsprozess Europas formulierten die Vertreter der vier Staaten ihren Wunsch, auch den Bildungs- und Forschungsbereich ihrer Länder stärker als bisher zu einem Motor europäischer Integration zu machen und die Mobilität von Studierenden, Lehrenden und Studienabsolventen zu fördern, um als „Global Player" am Weltbildungsmarkt wahrgenommen zu werden.[158]

Grundlage dieser Anstrengungen sollte gemäß der Erklärung eine Harmonisierung der europäischen Hochschulsysteme mit einer gemeinsamen Struktur für die Anerkennung von Bildungsab-

---

[156] Bode, Christian: Die „Bologna-Agenda 2010" – noch ein (hochschul-)politischer Paradigmenwechsel, in: duz SPECIAL, Beilage zur DUZ – das unabhängige Hochschulmagazin, 04. Juli 2003, S.26.

[157] Vgl. Welsh, Helga A.: Higher Education in Germany: reform in incremental Steps, in: European Journal of Education, Volume 39, 2004 (3), S.361ff.

[158] Vgl. Friedrich, Hans Rainer: Neuere Entwicklungen und Perspektiven des Bologna-Prozesses, HoF- Arbeitsberichte 4'02, Wittenberg 2002, S.7.

schlüsse in Europa sein. Dazu sollte zum einen ein dem European Credit Transfer and Accumulation System ähnliches Modell, zum anderen eine generelle Anerkennung der ersten berufsqualifizierenden Studienabschlüsse dienen, die bereits ein Jahr zuvor in der Lissabon-Konvention des Europarates vereinbart worden war. Die Deklaration sah zudem die Einführung einer neuen europäischen Studienstruktur mit zwei Ebenen vor: Einem ersten (berufsqualifizierenden) Studium und einem postgraduierten Studium, in dem wahlweise ein Master-Abschluss oder ein Doktortitel erworben werden sollte. Ziel war es, hierdurch die internationale Anerkennung und Attraktivität der europäischen Bildungssysteme zu steigern und eine verbesserte Vermittelbarkeit von Absolventen auf dem Arbeitsmarkt zu erreichen.[159]

Obwohl die Erklärung programmatisch in erheblichem Umfang eine Fortsetzung der Aktionsprogramme der Europäischen Kommission darstellte,[160] brachte sie doch eine entscheidende Neuerung mit sich: Angesichts der großen Erfolge der Aktionsprogramme und der hohen Akzeptanz der Angebote unter den europäischen Hochschulen und Studierenden wollten „die Regierungspräsidenten der Mitgliedsländer das Zepter wieder selbst in die Hand nehmen"[161] und sich aktiv in die europäische Bildungspolitik einbringen. Dass die Bildungsminister dabei den Begriff der „Harmonisierung" im Titel ihrer Deklaration führten, kam jedoch für nahezu alle Beteiligten überraschend, handelte es sich hierbei doch traditionell um einen Abwehrbegriff für die rechtlich nicht legitimierten Tätigkeiten der Europäischen Union im Bereich der allgemeinen Bildung.

Tatsächlich war das Wort „Harmonisierung" in den Arbeitspapieren der verhandelnden Delegationen in London nicht vorgekommen, sondern erst von den Minister bei einem Treffen unmittelbar vor der Rede in Sorbonne als griffiges Schlagwort in

---

[159] Vgl. Sorbonne-Erklärung. Gemeinsame Erklärung zur Harmonisierung der Architektur der europäischen Hochschulbildung, Paris am 25. Mai 1998, ohne pag.

[160] Vgl. Eurodyce (Hrsg.): Im Blickpunkt: Strukturen des Hochschulbereichs in Europa 2003/2004, Brüssel 2003, S.9.

[161] Schnitzer, Klaus: Von Bologna nach Bergen, in: Leszczensky, Michael; Wolter, Andrä: Der Bologna-Prozess im Spiegel der HIS-Hochschulforschung, Hannover 2005, S.5.

die Überschrift der Deklaration gesetzt worden.[162] Inwiefern eine „progressive Harmonisierung", wie sie das Papier fordert, als vollständige Angleichung der Hochschulsysteme verstanden werden konnte, war auch angesichts der gleichzeitigen Betonung der „Unterschiede" der europäischen Staaten und der im Rahmen der Vorstellung der Erklärung stattfindenden Debatte zu hinterfragen. Konsequent folgerte Guy Haug, dass sich der Begriff „Harmonisierung" in Paris lediglich auf die Studienstrukturen, nicht aber auf Inhalte, Curricula oder Methoden bezogen habe.[163] Trotzdem sorgte das Vorgehen der „Großen Vier" unter den übrigen Mitgliedern der Europäischen Union für Verwirrung und Verstimmung, waren sie doch weder in die Ausarbeitung der Erklärung eingebunden noch im Vorfeld über die Pläne der Sorbonne-Unterzeichner informiert worden.

Für Hans Rainer Friedrich, ehemaliger Leiter der Abt. 3 („Hochschulen") im Bundesministerium für Bildung und Forschung (BMBF), der in dieser Funktion von Beginn an in die Entstehung und Ausarbeitung der Sorbonne-Erklärung eingebunden war, ist dies indes nicht verwunderlich. Seinen Erfahrungen zufolge war Sorbonne „mit der heißen Nadel gestrickt"[164] und durch innenpolitische Entwicklungen motiviert, da die beteiligten Minister wegen anstehender Wahlen oder Problemen bei der Durchsetzung eigener Reformen schnelle Erfolge auf internationaler Ebene anstrebten. Eine Absprache und Koordination auf europäischer Ebene erschien ihnen daher nicht notwendig, zumal in die Erklärung keine besonders hohen Erwartungen gesetzt wurden.[165]

Die handwerklichen Mängel in der Formulierung und die offenen Fragen besonders bezüglich der Anpassung der Studienstrukturen führten dazu, dass der Aufforderung an die restlichen europäischen Staaten, sich der Erklärung anzuschließen, nur in sehr geringem Umfang Folge geleistet wurde.[166] Die Sorbonne-Erklärung wurde deshalb „sehr bald zugunsten eines europäisch sehr viel breiter angelegten Verfahrens aufgegeben, das (…) eine wesentlich

---

[162] Im Interview mit Hans R. Friedrich (2005).

[163] Vgl. Haug, Kirstein (1999), S.27.

[164] Im Interview mit Hans R. Friedrich (2005).

[165] Vgl. Ravinet, Pauline: The Sorbonne meeting and declaration: Actors, shared vision and Europeanisation, Bergen 2005, S.13ff.

[166] Vgl. Haug (1999), S.28f.

größere Struktur schuf und (…) sehr konkrete Ziele formulierte."[167] Hierfür wurde eine Arbeitsgruppe aus der 1994 gegründeten Runde der Generaldirektoren der EU-Mitgliedstaaten und der damals noch bestehenden European Rectors Conference damit beauftragt, einen Entwurf für eine Erklärung vorzubereiten, die „gemeinsame Ziele und Grundprinzipien für die Gestaltung eines „Europäischen Hochschulraumes" bis zum Jahr 2010 festlegen sollte."[168] Grundlage ihrer Arbeit wurden die Erkenntnisse des bereits erwähnten Trends-I-Reports, der binnen eines Jahres mit finanzieller Unterstützung der Europäischen Kommission erstellt wurde.

Ziel der Studie war es, einen Überblick über die Strukturen der verschiedenen nationalen Bildungssysteme Europas zu erarbeiten und mögliche Felder für Annäherungen, Kooperationen und Konvergenzen zu analysieren. Unter österreichischem Vorsitz und mit prägender Unterstützung des italienischen Bildungsministers Ortensio Zecchino entstand so binnen eines Jahres ein Konzept, dem nicht nur alle Mitgliedstaaten der Europäischen Union, sondern auch 15 weitere europäische Länder bei dem Treffen in Bologna am 19.Juni 1999 zustimmen sollten: die Bologna-Erklärung.

3.4. Ziele im Bologna-Prozess

War die Sorbonne-Erklärung, von den Plänen zur Einführung einer zweistufigen Studienstruktur einmal abgesehen, noch relativ abstrakt geblieben, nannte die Bologna-Erklärung eine ganze Reihe konkreter Ziele und Konzepte, die durch die Deklarationen der Folgekonferenzen in Prag am 19. Mai 2001, Berlin am 19. September 2003 und Bergen am 20. Mai 2005 noch ergänzt und vertieft wurden.[169] Dabei lassen sich drei wesentliche Ziel-setzungen herausarbeiten:[170]

- die Förderung der Mobilität durch die Schaffung eines (transparenten) europäischen Hochschulraumes,

---

[167] Heß (2003), S.272.

[168] Friedrich (2002), S.8.

[169] Vgl. Kohler (2004), S.6f.

[170] Vgl. Lourtie, Pedro: Furthering the Bologna Process. Report to the Ministers of Education of the signatory countries, Prague 2001, S.8ff.

- die Förderung der internationalen Wettbewerbsfähigkeit des europäischen Hochschulsystems sowie

- die Förderung der Beschäftigungsfähigkeit der europäischen Bürger.

Innerhalb dieser übergeordneten Zielsetzungen lassen sich aus den verschiedenen Deklarationen je nach Zählweise zwischen sieben und dreizehn eigenständige Konzepte bzw. Reformelemente herausarbeiten (vgl. hierzu Abbildung 1). Allerdings lassen sich diese nicht immer eindeutig einem der zentralen Ziele zuordnen, denn vielfach überschneiden sich Aufgabenstellungen oder verfolgen die Reformen mehr als ein Ziel. Während beispielsweise die Einführung eines Systems leicht verständlicher und vergleichbarer Abschlüsse primär die Mobilität europäischer Studierender steigern soll, dient sie gleichzeitig auch dazu, die Beschäftigungsfähigkeit europäischer Absolventen auf dem internationalen Arbeitsmarkt zu erhöhen und das europäische Hochschulsystem kompatibel zu und somit attraktiver für den globalen Bildungsmarkt zu machen.[171]

Welche Erwartungen mit den einzelnen Komponenten des Prozesses verbunden werden, hängt zudem von den Interessen der verschiedenen an den Reformen beteiligten Akteure ab. Vertreter der Studierenden legen beispielsweise bei einer Neustrukturierung des Studiums ein besonderes Augenmerk auf die Sicherung der Qualität in der universitären Lehre legen, während bei Hochschulen die Hoffnung auf eine Verbesserungen der Forschung dominiert und Regierungsvertreter schließlich primär Fragen des Arbeitsmarktes und der Bildungsausgaben bewegen.

Im Folgenden sollten die zentralen Zielsetzungen daher genauer untersucht und die verschiedenen Konzepte für ihre Realisierung dargestellt werden.

---

[171] Vgl. Schwarz-Hahn, Stefanie; Rehburg, Meike: BACHELOR und MASTER in Deutschland – Empirische Befunde zur Studienstrukturreform, Münster [u.a.] 2004, S.19ff.

Ziele in den Kommuniqués der Ministertreffen

Bologna (19. Juni 1999)

- Schaffung eines Systems leicht verständlicher und vergleichbarer akademischer Abschlüsse und eines Diploma Supplement
- Einführung eines aus zwei Hauptphasen bestehenden Studiensystems (BA/MA)
- Etablierung eines dem ECTS ähnlichen Kreditpunktesystems
- Förderung der Mobilität durch Beseitigung aller Hemmnisse
- Förderung der europäischen Zusammenarbeit in der Qualitätssicherung
- Förderung der europäischen Dimension in der Hochschulbildung

Prag (19. Mai 2001)

- Förderung des lebenslangen Lernens als Basis einer wissensbasierten Gesellschaft und Wirtschaft
- Einbeziehung von Studierenden und Hochschulen in den Bologna-Prozess
- Förderung der Attraktivität des europäischen Hochschulraumes im internationalen Umfeld

Berlin (19. September 2003)

- Festlegung des Doktorandenprogramms als dritte Phase im Studienmodell
- Verknüpfung des europäischen Hochschulraumes mit einem europäischen Forschungsraum
- Forderung nach verstärkten Fortschritten bei der Anerkennung von Abschlüssen

Bergen (20. Mai 2005)

- Ergänzung der Doktorandenausbildung um arbeitsmarktrelevante Qualifikationen
- Entwicklung nationaler Qualifikationsrahmen
- Förderung von „Joint Degrees"
- Öffnung der höheren Bildung für nicht-traditionelle Qualifikationspfade

Abbildung 1: Ziele im Bologna-Prozess

3.4.1. Förderung von Mobilität

Die Förderung von Mobilität ist ein zentrales Anliegen der Bologna-Erklärung und stellt die Grundlage für die Entwicklung eines Europäischen Hochschulraumes dar.[172] Sie fand daher nicht nur indirekt durch Forderungen nach strukturellen Reformen wie der Einführung eines Systems leicht verständlicher und vergleichbarer Abschlüsse Eingang in die Deklarationstexte, sondern auch explizit im Ziel der Beseitigung „aller Hindernisse für die Freizügigkeit von Studierenden, Lehrenden, Wissenschaftlerinnen und Wissenschaftlern und Verwaltungs-personal"[173]. Angesprochen wurde hiermit eine Reihe von Problemen, die von einer unzureichenden Anerkennung akademischer Abschlüsse zwischen den europäischen Staaten über Mängel bei der Übernahme von im Rahmen eines Auslandsstudiums erworbener Studienleistungen bis hin zur fehlenden Akzeptanz nicht-traditioneller Qualifikationen im Rahmen des Konzepts eines Lebenslangen Lernens reichten. Hinderlich für die Entwicklung erfolgreicher Anerkennungs-methoden waren dabei vor allem fehlende Informationen zu den europäischen Bildungssystemen, ihren Standards und Qualifikationsprofilen.[174] Um diese Mängel abzustellen, legt der Bologna-Prozess einerseits großen Wert auf die Entwicklung eines leistungsfähigen Informationssystems, das Daten zu Studien-strukturen und zu erfolgreichen Anerkennungsmethoden vorhalten sollte (Code of Good Practice), und andererseits darauf, durch die Schaffung eines europäischen Qualitätsrahmens die Anerkennung von Lerninhalten und erworbenen Kompetenzen zu verbessern.[175]

Neu sind diese Pläne indes nicht. Bereits die 1997 verabschiedete Lissabon-Konvention des Europarates hatte eine Reihe von Anforderungen und Bedingungen für grenzüberschreitende

---

[172] Vgl. Weber, Luc E.: Main Issues in European Higher Education and Research, in: Higher Education Forum, Volume 1, 2003 (1), S.21f; Norwegian Ministry of Education and Research: The Bologna Process from a Norwegian Perspective – towards a European Higher Education Area, o.O. 2004, S.6; Kohler (2004), S.9.

[173] Prag Kommuniqué. Auf dem Wege zum europäischen Hochschulraum, Prag am 19. Mai 2001, S.4.

[174] Vgl. Purser, Lewis: International Seminar on Recognition Issues in the Bologna process. Recommendations, Strasburg 2002, S.3f.

[175] Vgl. ebd., S.5f.

Anerkennungsmethoden formuliert, die auch die Einrichtung nationaler Informationszentren für die Hochschulsysteme vorsah. Sie bildete somit eine gute Grundlage zur Entwicklung von Methoden und Modellen im Rahmen des Bologna-Prozesses, zumindest für die Anerkennung wissenschaftlicher und studienrelevanter Qualifikationen (Qualifications Concerning Higher Education).[176] Unterstützung in der Umsetzung erfuhr die Konvention dabei nicht nur durch Ergänzungen des Europarates und der UNESCO in Form der „Recommendations in International Access Qualifications" (16. Juni 1999), sondern auch durch die Arbeit der europäischen Netzwerke ENIC (European Network of Information Centres) und NARIC (National Academic Recognition Information Centres), die unter anderem in die Ausarbeitung der „Recommendations on Criteria and Procedures for Recognition" (4. Juni 2001), dem „Code of Good Practice for the Provision of Transnational Education" (6. Juni 2001) und der „Recommendation for the Recognition of Joint Degrees" (9. Juni 2004) involviert waren. Neben der verbesserten Anerkennung von Abschlüssen sollte durch die Arbeit der Netzwerke auch die Übersichtlichkeit der Bildungs- und Fortbildungsmöglichkeiten innerhalb der Mitgliedstaaten und länderübergreifend in ganz Europa gewährleistet werden, denn, so formulierte exemplarisch die Europäische Kommission, in der Zwischenzeit stünden „bessere Informationen für die Auswahl eines Hotels oder Restaurants als für die einer Ausbildung zur Verfügung."[177] Die Umsetzung der Konvention auf nationaler Ebene erweist sich als unterschiedlich erfolgreich, denn während in einigen Ländern gut ausgestattete Informationszentren existieren, die Leitlinien und Anerkennungsmodalitäten entwickelten und auch für eine rechtliche Verankerung der Vorgaben aus Lissabon sorgen, werden in einigen Staaten nur geringe Anstrengungen unternommen, die Beschlüsse umzusetzen.[178] Hinzu kommt, dass die Lissabon-Konvention nicht von allen am Bologna-Prozess beteiligten Staaten anerkannt wird: Vier der Bologna-Länder haben die Konvention gar nicht unterschrieben (Belgien, Griechenland,

---

[176] Vgl. Rauhvargers, Andrejs: Improving the Recognition of Qualifications in the Framework of the Bologna Process, in: European Journal of Education, Volume 38, 2004 (3), S.334f.
[177] Europäische Kommission (1996), S.24.
[178] Vgl. Rauhvargers (2004), S.335f.

Spanien, Türkei), vier weitere zwar unterzeichnet, aber noch nicht
ratifiziert (Deutschland, Italien, Malta, Niederlande).

Neben der Umsetzung der in Lissabon vereinbarten Grundsätze
soll die Einführung eines dem ECTS ähnlichen Leistungspunktesystems in ganz Europa „als geeignetes Mittel der
Förderung größtmöglicher Mobilität der Studierenden"[179] dienen.
Dabei besteht durchaus die Möglichkeit, auch ein anderes System
als das des ECTS zu entwickeln und tatsächlich haben einige
wenige Staaten ihre bereits bestehenden Lösungen lediglich
modifiziert und somit die Forderungen aus Bologna erfüllt. Der
überwiegende Teil der Mitgliedstaaten stellte jedoch schnell fest,
dass die Nutzung des bereits im Rahmen der europäischen
Mobilitätsprogramme bewährten Systems einen größeren Erfolg
versprach als die Neuentwicklung eines konkurrierenden
Modells.[180] Inzwischen haben sich nahezu alle Akteure des
Prozesses und vor allem die EUA auf das ECTS als nationales und
europäisches Transfersystem festgelegt.[181]

Eng mit der Einführung des ECTS verbunden ist auch die
Modularisierung von Studiengängen, die eine „Zusammenfassung
von Stoffgebieten zu thematisch und zeitlich abgerundeten, in sich
abgeschlossenen und mit Leistungspunkten versehenen
abprüfbaren Einheiten"[182] beschreibt. Durch eine „starke
Konzentration des Lehrangebots in kompakte Einheiten (...), eine
weitgehende Offenheit (...) in der zeitlichen Sequenzierung des
Studiums [und] eine relativ große Flexibilität in der inhaltlichen
Kombination von Studieneinheiten"[183] soll hiermit zudem ein

---

[179] Bologna-Deklaration (1999), ohne pag.

[180] Vgl. Adam, Stephen: International Seminar on Credit Accumulation
and Transfer Systems. Conference Report, Leiria 2000, S.9f;
Stifterverband der Deutschen Wirtschaft (Hrsg.): Credits an Deutschen
Hochschulen. Transparenz – Koordination – Kompatibilität, Essen 2000,
S.6ff.

[181] Vgl. Heß (2003), S.290f; Wilson, Lesley: Graz 2003. Die Botschaft der
europäischen Hochschulen an die Berliner Konferenz, in: duz SPECIAL
(2003), S.13.

[182] Hochschulrektorenkonferenz (Hrsg.): Bologna-Reader. Texte und
Hilfestellungen zur Umsetzung der Ziele des Bologna-Prozesses an
deutschen Hochschulen, 3.Auflage, Bonn 2005, S.91.

[183] Schwarz-Hahn, Stefanie: Leistungspunkte – Credits – Kreditpunkte –
Bonuspunkte? Auf dem Weg zu mehr Kompatibilität im Dickicht der
Lehr- und Lernumfangsmessungen, in: Universität Kassel (Hrsg.):

Perspektivwechsel, weg von der traditionellen Input-Orientierung („Welche Lehrinhalte will ich vermitteln?") und hin zu einer Output-Orientierung („Welche Kompetenzen sollen das Ergebnis von Lern- und Bildungsprozessen sein?") erreicht werden.[184] Das Konzept der Modularisierung deckt hierdurch gleich mehrere Ziele im Rahmen des Bologna-Prozesses ab: Eine qualitative Verbesserung des Studium durch neue Lernkonzepte, eine zunehmende Differenzierung durch flexiblere Lerneinheiten, eine effizientere Studienorganisation mit verkürzten Studienzeiten und schließlich, durch eine vereinfachte Anerkennung von Studienleistungen, auch eine erhöhte Mobilität.[185] Es bildet damit, in Verbindung mit der Einführung des ECTS und des zweistufigen Studiensystems, „das harte Kernstück des Bologna-Prozesses."[186]

Das dritte nun bereits erwähnte Kernstück, die Einführung eines Systems gestufter Studienabschlüsse, ist das in der Öffentlichkeit wohl am stärksten wahrgenommene Element der Bologna-Strategie. Wie eingangs bereits erwähnt, waren im Vorfeld der Bologna-Erklärung Unterschiede in den Hochschulsystemen als ein gravierendes Problem im Studierendenaustausch analysiert worden und so bestand weitgehend die Einsicht, dass „man den Durchbruch zu einem effektiven Austausch erst erreichen würde, wenn die Struktur der Studiengänge hinreichend kompatibel"[187] sei. Das neue, zweizyklische System mit Bachelor- und Masterabschlüssen soll nun eine „internationale Anschlussfähigkeit und damit [die] Mobilität der Studierenden"[188] garantieren. Studierende, die einen Bachelor in einem der Bologna-Staaten erwerben, sollen damit zugleich über eine formale Qualifikation verfügen, die sie zur Aufnahme eines

---

Studienreformmaßnahmen an der Universität Kassel. Modularisierung und Credit-System, Kassel 2003, S.26.

[184] Im Interview mit Birger Hendriks am 11. August 2005.

[185] Vgl. Bund-Länder-Kommission für Bildungsplanung und Forschungsförderung (Hrsg.): Modularisierung in Hochschulen. Handreichung zur Modularisierung und Einführung von Bachelor- und Masterstudiengängen. Erste Erfahrungen und Empfehlungen aus dem BLK-Programm „Modularisierung", Bonn 2002, S.4.

[186] Heß (2003), S.288.

[187] Heß (2003), S.278.

[188] Kultusministerkonferenz: 10 Thesen zur Bachelor- und Masterstruktur in Deutschland. Beschluss der Kultusministerkonferenz, o.O. am 12.Juni 2003, ohne pag.

weiterführenden Masterstudiums in jedem anderen Staat berechtigt.

Um dies zu erreichen, galt es wahlweise eine Gleichwertigkeit der Bachelor-Abschlüsse herzustellen oder alternativ Unterschiede bzw. Parameter in den Qualifikationen zumindest deutlich zu machen. Da eine Angleichung der Curricula von Studiengängen im Bologna-Prozess jedoch ebenso wenig vorgesehen war wie die Einführung strikter temporärer oder qualitativer Vorgaben, mussten Methoden gefunden werden, mit denen zentrale Aspekte des gemeinsamen Standards abgeglichen und grenzüberschreitend beschrieben werden konnten.[189] Gefunden wurden diese zum einen in einem Diploma Supplement, das in relativ einfacher Form über die Studieninhalte des absolvierten Studiums informiert sowie in einem Qualitäts- und Qualifikationsrahmen, der die universitären Abschlüsse des Bologna-Raumes auf nationaler und europäischer Ebene in einen Kontext zueinander setzt und so eine hochschul- und grenzüberschreitende Gleichwertigkeit garantieren soll. Seit dem Frühjahr 2002 beschäftigte sich eine gemeinsame Arbeitsgruppe aus ENIC, NARIC und dem European Network for Quality Assurance in Higher Education (ENQU) mit der Frage, wie durch ein solches System bereits erworbene Bildungs- qualifikationen automatisch von einem europäischen Bildungssystem in ein anderes übertragen werden könnten. 2003 kam man hier allerdings zu dem Ergebnis, dass nationale Qualitätssicherungsverfahren die Anerkennung von Qualifikationen zwar erleichtern, individuelle Beurteilungs- verfahren bei der Übertragung erworbener Qualifikationen in ein anderes Bildungssystem jedoch nicht ersetzen könnten.[190]

Nichtsdestotrotz bildet die Entwicklung eines transparenten Qualifikations- und Qualitätssicherungsrahmens eine wichtige Ergänzung der bisher bestehenden europäischen Anerkennungs- verfahren und leistet auf diesem Weg einen wesentlichen Beitrag sowohl zur Förderung der internationalen Wettbewerbsfähigkeit des Europäischen Hochschulraumes als auch zur Steigerung der

---

[189] Vgl. Rauhvargers (2004), S.338f.
[190] Vgl. Statement by the ENIC and NARIC Networks on the European Higher Education Area. Vaduz Statement, Vaduz am 18.-20.Mai 2003, S.3f.

Mobilität.[191] Weitere Details zu den Elementen und Strukturen des europäischen Qualitätssicherungssystems finden sich in Kapitel 4.3.

3.4.2. Förderung internationaler Wettbewerbsfähigkeit

Eine internationale Wettbewerbsfähigkeit, die in allen Kommuniqués des Bologna-Prozesses gefordert wird, lässt sich in zweifacher Weise interpretieren: Erstens als Wettbewerbsfähigkeit der Studienabschlüsse und Absolventen auf einem internationalen Arbeitsmarkt und zweitens als Attraktivität des Europäischen Hochschulraumes für internationale Studierende.[192] Während sich der erste Aspekt eher in die Strategie zur Förderung der Beschäftigungsfähigkeit und somit in Kapitel 3.4.3 einpasst, war die Entwicklung eines eigenständigen Profils im internationalen Bildungsmarkt, auch und gerade gegenüber dem US-amerikanischen Hochschulraum, ein wesentliches Ziel der europäischen Hochschulbildungspolitik.[193] Motiviert waren diese Bestrebungen durch eine Reihe von Erkenntnissen bildungs-, wissenschafts- und wirtschaftspolitischer Natur.

In den Standortdebatten der neunziger Jahre hatte sich die Überzeugung durchgesetzt, dass in einer globalisierten Gesellschaft wirtschaftliche Erfolge und Fortschritte nur noch mit entsprechend ausgebildetem Humankapital möglich seien.[194] Bereits 1988 hatte das Plenum der Westdeutschen Rektorenkonferenz (WRK), heute HRK, in einer Entschließung festgestellt, dass „internationale Arbeitskontakte und Personenbeziehungen (...) ein politisches und ökonomisches Potential [bilden], dessen Wirkung für die internationale Wettbewerbsfähigkeit und das Ansehen der Bundesrepublik in der Welt nicht hoch genug eingeschätzt werden kann."[195] Die Zahlen „echter" ausländischer Studierender in Deutschland und Europa stagnierten in den folgenden Jahren jedoch, während gerade

---

[191] Vgl. Brackmann, Hans-Jürgen: Akkreditierung. Ein Arbeits- und Lernprozess, in: Die neue Hochschule, Band 44, 2003 (5), S.9.

[192] Vgl. Lourtie (2001), S.8.

[193] Im Interview mit Hans R. Friedrich (2005).

[194] Vgl. Fuchs, Reuter (2000), S.112.

[195] Westdeutsche Rektorenkonferenz (Hrsg.): Die Zukunft der Hochschulen. Überlegungen für eine zukunftsorientierte Hochschulpolitik, Bonn 1988, S.14.

amerikanische und australische Hochschulen eine große Anziehungskraft auf Studierende aus asiatischen Staaten ausüben konnten.[196] Die zukünftigen Eliten und Mittelschichten einer wirtschaftlich wie kulturell aufstrebenden Region wurden so „in ihren entscheidenden Lebensjahren in erster Linie von amerikanischen und weniger von deutschen oder europäischen Vorstellungen geprägt"[197]. Die Befürchtungen der Politik gingen in diesem Zusammenhang in zwei Richtungen: Zum einen tendierten in einem System sozialisierte Individuen dazu, dieses System zu übernehmen oder zumindest einzelne Elemente in ihr späteres Umfeld zu übertragen und zum anderen stellten sprachliche Gemeinsamkeiten und im Studium entstandene Netzwerke vielfach die Grundlage für eine spätere wirtschaftliche Zusammenarbeit dar. Durch einen Verlust an Internationalität befürchtete die europäische Politik also auf lange Sicht auch einen Verlust an Einfluss auf politische Entwicklungen und einen Rückgang wirtschaftlicher Kontakte zu Zukunftsmärkten. Nach ihrem Willen sollte der Bologna-Prozess Europa deshalb „im Wettbewerb mit anderen Erdteilen zum attraktivsten und innovativsten Hochschulraum weltweit machen (gemeint (…) [war] wohl eine Art sportliche Kampfansage gegenüber der US-amerikanischen Hochschulsphäre)."[198] Gerade die Universitäten sollten in diesem verstärkten „Wettbewerb um die besten Köpfe"[199] unter ausländischen Studierenden zur wirtschaftlichen und kulturellen Entwicklung beitragen.[200]

Doch nicht nur unter außenwirtschaftlichen Aspekten erwiesen sich die neuen Studentenströme als problematisch, zunehmend spielten auch arbeitsmarkt-technische Aspekte eine Rolle. Deutschland konnte bereits seit 1994 in bestimmten naturwissenschaftlichen und technischen Fächern nicht mehr genügend Nachwuchs für den eigenen Bedarf ausbilden und war somit vermehrt auf „qualifizierbare Menschen aus dem

---

[196] Vgl. Hochschulrektorenkonferenz (1996), S.7f.
[197] List (1997), S.10.
[198] Heß (2003), S.284.
[199] Weber, Eicke R.: Wettbewerb um die besten Köpfe. Um dem Brain Drain entgegenzuwirken, müssen die Stellen an deutschen Universitäten attraktiver werden, in: Physik Journal, Nr. 2, 2005 (4), S.3.
[200] Vgl. List (1997), S.6.

Ausland"[201] angewiesen, die nach ihrem Abschluss bereit waren, zumindest einen Teil ihrer Berufsstrecke in Deutschland zu absolvieren. Ähnliche Entwicklungen ließen sich auch im übrigen Europa in anderen Sektoren feststellen, beispielsweise im Gesundheitsbereich Großbritanniens und der skandinavischen Länder oder der Informatik in Frankreich.

Der Wettbewerbsgedanke griff jedoch nicht nur für den wirtschaftlichen Sektor, auch die europäischen Hochschulen selbst versuchten seit den neunziger Jahren, dem „Brain Drain" hoch qualifizierter Wissenschaftler in die Vereinigten Staaten entgegen zu wirken. Um ihre Forschungsbereiche zu stärken, sollten qualifizierte Doktoranden und besonders motivierte und gute Studierende angelockt werden. Zusätzlich begannen einzelne Hochschulen, sich verstärkt auf einem in der Entstehung begriffenen internationalen Bildungsmarkt zu positionieren, um durch kostenpflichtige Studienangebote ihre Finanzausstattung zu verbessern. Auch deutsche Universitäten und Fachhochschulen wurden hier aktiv, bis 2005 wurden über 600 internationale Studiengänge entwickelt, für die bis zu 40 000 Euro Studiengebühren verlangt werden.[202]

Um die verschiedenen Ziele zu erreichen, identifizierten die Bildungsminister auf ihren Konferenzen seit 1998 mehrere Lösungen, die im Rahmen des Bologna-Prozesses umgesetzt werden sollten. Sie umfassten unter anderem:[203]

- die Schaffung einheitlicher und mit dem internationalen Bildungsumfeld kompatibler Strukturen im gesamten europäischen Hochschulraum,

- eine verbesserte Lesbarkeit von Abschlüssen für Arbeitgeber, Bildungseinrichtungen und Einzelpersonen,

- die Bereitstellung von klaren Informationen über die Inhalte und Lernziele der europäischen Studiengänge und – programme,

---

[201] Heß (2003), S.281.
[202] Vgl. Deutscher Akademischer Austausch Dienst: Study and Research in Germany, ohne pag.
[203] Vgl. Lourtie (2001), S.8f.

- die verstärkte Entwicklung und Verbreitung „europäischer Bildungsprodukte" (European knowledge production) wie Fachliteratur, wissenschaftliche Magazine und Studien,

- die Förderung eines verbesserten Services für internationale Studierende sowie

- die Errichtung einer Qualitätssicherung um die europäischen Abschlüsse auf internationaler Ebene als hochwertige Qualifikationen auszuzeichnen.

Eine weitere Möglichkeit, international an Attraktivität zu gewinnen, wurde zudem darin gesehen, „die gewünschte Internationalisierung nicht nur dadurch zu fördern, dass Studierende und Lehrende zwischen den Ländern im Austausch stehen, sondern auch dadurch, dass – im Sinne einer inhaltlichen Reform – das Curriculum selbst z.B. in seinen Themen oder durch eine Mehrsprachigkeit des Angebots „entnationalisiert" und verstärkt international und interkultural orientiert wird."[204]

Um durch die Reformen Erfolge zu erzielen, waren indes gewisse Voraussetzungen zu beachten. Für die Schaffung einheitlicher Hochschulstrukturen musste beispielsweise ein weltweit anerkanntes und gängiges System gefunden werden, über das nicht nur eine gewisse Mobilität, sondern auch eine Anerkennung der Abschlüsse wechselwilliger Studierender bei der Rückkehr in ihr Heimatland gesichert werden konnte. Als weltweiter Standard galt in diesem Zusammenhang eine zweistufige Studienstruktur, zumeist bestehend aus einem Bachelor- und einem Masterabschluss (bzw. analogen Abschlüssen).[205] Konsequent wurde deshalb auch in Sorbonne und Bologna bereits ein Master- oder Doktorgrad als Abschluss für das „graduate" Studium festgelegt, während der Bachelor als beispielhafter Studienabschluss des ersten Zyklus in das Prager Kommuniqué 2001 Eingang fand.

Die verbesserte Lesbarkeit der Studienabschlüsse sollte durch das bereits erwähnte Diploma Supplement erreicht werden, das Angaben zu Art und Ebene eines Abschlusses, dem Status der Hochschule, Studieninhalten und Prüfungen enthält. Nachdem

---

[204] Richter (2001), S.156.
[205] Vgl. List, Juliane: Bachelor und Master – Sackgasse oder Königsweg, Köln 2000, S.13; Hochschulrektorenkonferenz (1995), S.88.

dieses in der Lissabon-Konvention von 1997 erstmals als Anerkennungsinstrument für Hochschulabschlüsse eingeführt wurde, entwickelte eine Initiative der Europäischen Union, des Europarates und der UNESCO/CEPES in den folgenden beiden Jahren ein erweitertes European Diploma Supplement Model, das schließlich in die Bologna-Erklärung aufgenommen wurde.[206]

Während die Verantwortung für eine klare Darstellung von Inhalten und Lernzielen eines Studiengangs intuitiv bei den Hochschulen selbst liegen sollte, bietet der von den Nationalstaaten delegierte Bologna-Prozess auch hier eine Lösung an. Als Bestandteil des ECTS sollen Universitäten ein einheitliches und zweisprachig verfügbares Informationspaket bzw. einen Studienführer (Information Package/Course Catalogue) bereitstellen, der über die Inhalte und Dauer der einzelnen Kursmodule, Lehrmethoden, verwendete Sprachen und verwendete Literatur, aber auch allgemeine Informationen zum Studium wie Lebenserhaltungskosten, Unterkünfte oder die Möglichkeiten für Praktika informieren soll.[207] Ein Studienvertrag (Learning Agreement), der eine Aufstellung der zu absolvierenden Kurse enthält, soll die Studienplanung zusätzlich erleichtern.

Beide Elemente dienen auch einer Verbesserung des Services für ausländische Studierende, die mit den in einigen europäischen Ländern vorherrschenden offenen und auf eine hohe Eigenverantwortung der Studierenden bauenden Studienstrukturen bisher häufig nicht klar gekommen waren.[208] Nach dem Willen der Minister sollen die eingeleiteten Reformen zu einem erfolgreicheren und angenehmeren Studium als bisher führen und somit für die Zukunft die Grundlage einer erfolgreichen Mund-zu-Mund-Propaganda außerhalb des Europäischen Hochschulraumes darstellen, in deren Rahmen ausländische Absolventen als Botschafter ihrer Hochschulen im internationalen Umfeld für ein Studium in Europa werben.[209] Den Ruf des europäischen Hochschulraumes zu verbessern ist gleichzeitig das Ziel des auf nationaler Ebene angesiedelten Hochschul- bzw. Bildungsmarketings. In Deutschland wurde dieses in Form einer

---

[206] Vgl. Hochschulrektorenkonferenz (2005), S.151.

[207] Vgl. European Commission: ECTS - European Credit Transfer and Accumulation System, ohne pag.

[208] Im Interview mit Sebastian Fohrbeck am 16. August 2005.

[209] Vgl. Lourtie (2001), S.9.

„Konzentrierten Aktion Bildungsmarketing" durch Beschluss der Bund-Länder-Kommission für Bildungsplanung und Forschungsförderung (BLK) am 30. Oktober 2000 beschlossen, die seitdem in Kooperation mit dem Deutschen Akademischen Austauschdienst und unter maßgeblicher Finanzierung durch die Bundesregierung durchgeführt wird.[210]

Als einer der wichtigsten Punkte der Internationalisierungsstrategie stellte sich jedoch ein bereits im vorangegangenen Kapitel erwähntes Thema heraus, das international auf eine lange Tradition zurückblicken konnte, in Deutschland aber noch weitgehend unbekannt war: Die Frage der Qualitätssicherung.[211] Die Bologna-Erklärung regte hierzu noch recht oberflächlich eine „Förderung der europäischen Zusammenarbeit bei der Qualitätssicherung im Hinblick auf die Erarbeitung vergleichbarer Kriterien und Methoden" an, während die Ministerinnen und Minister der Entwicklung von Qualitätssicherungssystemen in Prag bereits eine „entscheidende Rolle" zuordneten. Das Berliner Kommuniqué schließlich formulierte, dass „die Hochschulbildung der Dreh- und Angelpunkt für die Schaffung des Europäischen Hochschulraumes" sei und „die weitere Entwicklung der Qualitätssicherung auf institutioneller, nationaler und europäischer Ebene" unbedingt gefördert werden müsse. Den Nationalstaaten wurde deshalb aufgetragen, bis 2005 Qualitätssicherungssysteme zu entwickeln und zu etablieren, die folgende Elemente enthalten sollten:

- „Eine Festlegung der Zuständigkeit der beteiligten Instanzen und Institutionen.

- eine Evaluierung von Programmen oder Institutionen einschließlich interner Bewertung, Beteiligung der Studierenden und Veröffentlichung der Ergebnisse.

- ein System der Akkreditierung, Zertifizierung oder ähnlicher Verfahren [sowie]

---

[210] Vgl. Friedrich, Hans Rainer: Marketing als Aufgabe deutscher Hochschulen, in: Die neue Hochschule, Band 42, 2001 (1), S.7.
[211] Vgl. Brackmann (2003), S.9.

- eine internationale Beteiligung, Kooperation und Vernetzung."[212]

Auf europäischer Ebene wurde das European Network for Quality Assurance in Higher Education (ENQA) zusätzlich damit beauftragt, gemeinsame europäische Standards und Prozeduren für die Qualitätssicherung zu entwickeln und der Follow-Up Group Ergebnisse ebenfalls bis 2005 vorzulegen. Kooperieren sollte das ENQA dabei mit Vertretern der Hochschulen und Studierenden in Form der European University Association, der European Association of Institutions in Higher Education (EURASHE) und den National Unions of Students in Europe (ESIB). Der Abschlussbericht des ENQA, auf den in den folgenden Abschnitten noch näher eingegangen wird, ist im März 2005 veröffentlicht und die hierin vorgeschlagenen Standards und Leitlinien sind vom Ministertreffen in Bergen am 19./20. Mai 2005 angenommen worden.

3.4.3. Förderung der Beschäftigungsfähigkeit

Während ein Ziel der Qualitätssicherung also darin liegt, Studienangebote des europäischen Hochschulraumes auf dem internationalen Bildungsmarkt mit verifizierbaren Qualitätsmerkmalen aufzuwerten, soll sie gleichzeitig „Arbeitgebern [eine] verlässliche Orientierung hinsichtlich der Qualität von Studienprogrammen (...) geben."[213] Unternehmen soll auf diese Weise die Scheu vor den in den meisten Fällen neuen Studiengängen genommen werden, die nach dem Willen der Bildungsminister wesentlich darauf abzielen, die Beschäftigungsfähigkeit zu erhöhen. Überhaupt ist die "Entwicklung von „employability" (...) eine zentrale Forderung in den leitenden europäischen Dokumenten des Bologna-Prozesses"[214], nach denen „die Arbeitsmarktfähigkeit der Hochschulbildung (...) gewissermaßen

---

[212] Berlin Kommuniqué (2003), S.3.

[213] Schade, Angelika: Akkreditierung in Deutschland – ein Paradigmenwechsel in der Qualitätssicherung, in: duz SPECIAL (2003), S.18.

[214] Kohler, Jürgen: Schlüsselkompetenzen und „employability" im Bologna-Prozess, in: Stifterverband für die Deutsche Wirtschaft (Hrsg.): Schlüsselkompetenzen und Beschäftigungsfähigkeit. Konzepte für die Vermittlung überfachlicher Qualifikationen an Hochschulen, Positionen, Essen 2004, S.5.

auf allen Ebenen des Hochschulprozesses verbessert werden [muss].“[215] Diese Beschäftigungsfähigkeit, im Rahmen eines entsprechenden Bologna-Seminars als „eine Reihe von Errungenschaften – Qualifikationen, Kompetenzen und persönliche Eigenschaften – die Absolventen mit einer größeren Wahrscheinlichkeit eine Anstellung finden (lässt)“[216] definiert, lässt sich dabei auf mehrere Weisen steigern:[217]

- durch den bereits erwähnten Aufbau von Qualitätssicherungssystemen zur Wahrung einer hohen Qualität tertiärer Abschlüsse,

- die Einführung leicht verständlicher und vergleichbarer Abschlüsse mit einem Diploma Supplement um Arbeitgeber in die Lage zu versetzen, selbstständig Studieninhalte und Studiengangsqualität zu beurteilen,

- die Modularisierung der Studiengänge um die Anpassungsfähigkeit der Studierenden und Studieninhalte an Berufserfordernisse zu erhöhen und die Studienzeit zu straffen,

- den Ausbau eines „lebenslangen Lernens“ mit einer Unterstützung von Teilzeitstudiengängen um eine höhere Flexibilität der Arbeitnehmer und eine bessere dauerhafte Qualifizierung zu ermöglichen sowie

- die Förderung der Mobilität und Internationalisierung des Studiums zwecks Erwerbs interkultureller und sprachlicher Kompetenzen.

Ein zusätzlicher Punkt, der in der nationalen Diskussion lange Zeit eine wichtige Rolle spielte (ohne Eingang in die Bologna-Dokumente gefunden zu haben), ist die Einbeziehung von

---

[215] Heß (2003), S.287.

[216] Vukasovic, Martina: International Seminar on Employability in the context of the Bologna Process. General conclusions and recommendations, Bled 2004, ohne pag. (P.E. "a set of achievements – skills, understanding and personal attributs – that make graduates more likely to gain employment").

[217] Vgl. Kohler (2004), S.11ff.

Unternehmen und Arbeitgebern in die Hochschulreformen.[218] Diese erfolgte auf europäischer Ebene formal erst durch die Erweiterung der Follow-Up Group mit der Aufnahme von UNICE (Union of Industrial and Employers' Confederations of Europe) als beratendes Mitglied bei dem Ministertreffen in Bergen 2005 und ging auf entsprechende Forderungen aus Bologna-Seminaren im Jahr 2004 zurück.[219] Durch die Einflussnahme der Wirtschaft sollen „die Studieninhalte (…) stärker als bisher auf den Wandel der Qualifikationsanforderungen auf dem Arbeitsmarkt abgestimmt werden und die Vermittlung so genannter Schlüsselqualifikationen einbeziehen."[220] Zentrales Mittel hierfür ist die Neustrukturierung von Studiengängen, die in Zukunft „ein eigenständiges berufsqualifizierendes Profil (…) [aufweisen müssen], das durch die innerhalb der Regelstudienzeit zu vermittelnden Inhalte deutlich werden muss"[221] und die eine Vermittlung folgender Kompetenzen zum Ziel haben:[222]

---

[218] Vgl. Tauch, Christian: Almost Half-time in the Bologna Process – Where do we stand?, in: European Journal of Education, Volume 39, 2004 (3), S.282.

[219] Vgl. Bologna Seminar in Employability in the context of the Bologna process. General Conclusions and recommendations, Bled am 21.-23. Oktober 2004, ohne pag.; Bologna Seminar on Bachelor's Degree: What is it. Conclusions and recommendations, St. Petersburg am 25.-26. November 2004.

[220] Grühn, Dieter: Praxisorientierung in Bachelorstudiengängen, in: Welbers, Ulrich (Hrsg.): Studienreform mit Bachelor und Master. Gestufte Studiengänge im Blick des Lehrens und Lernens an Hochschulen, Neuwied [u.a.] 2001, S.101.

[221] Kultusministerkonferenz: Ländergemeinsame Strukturvorgaben gemäß § 9 Abs. 2 HRG für die Akkreditierung von Bachelor- und Masterstudiengängen, Beschluss der Kultusministerkonferenz vom 10. Oktober 2003, S.3.

[222] Vgl. Minks, Karl-Heinz: Kompetenzen für den Arbeitsmarkt: Was wird vermittelt, was vermisst?, in: Stifterverband für die Deutsche Wissenschaft: Bachelor und Master-Ingenieure. Welche Kompetenzen verlangt der Arbeitsmarkt?, Positionen, Oktober 2004, S.33; Nyborg, Per: The Bologna Process and UNICE, o.O. 2004a, S.4; Union des Industries de la Communauté européenne: For Education and Training Policies which foster Competitiveness and Employment. UNICE's Seven Priorities, o.O. 2000, S.4f.

- bereichsspezifische Fachkompetenzen: spezielles Fachwissen, breites Grundlagenwissen, Kenntnisse wissenschaftlicher Methoden, fachspezifische theoretische Kenntnisse,

- bereichsunspezifische Fachkompetenzen: EDV-Kenntnisse, Rechtskenntnisse, Wirtschaftskenntnisse, Fremdsprachenkenntnisse, fachübergreifendes Denken, Fähigkeiten zur praktischen Umsetzung wissenschaftlicher Ergebnisse und Konzepte,

- Methodenkompetenz: Selbstständiges Arbeiten, Konzentration und Disziplin, kritisches Denken, Erkennen und schließen von Wissenslücken, analytische Fähigkeiten, Anwendung vorhandenen Wissens auf neue Probleme.

- Sozialkompetenz: Kooperationsfähigkeit, Verantwortungsbereitschaft, Kommunikationsfähigkeit, Durchsetzungsvermögen, Konfliktmanagement, Verhandlungsgeschick, Führungsqualitäten,

- Selbstorganisationskompetenz: Organisationsfähigkeit, Zeitmanagement, Flexibilität,

- Präsentationskompetenz: schriftliche und mündliche Ausdrucksfähigkeit.

Dies stellt gerade die deutschen Hochschulen insofern vor eine Herausforderung, als dass berufsorientierende Angebote zumindest an den Universitäten bisher im „wesentlichen Zusatzangebote (waren), die selten oder nur sehr eingeschränkt strukturell in die Perspektive des Lehrens und Lernens in Studiengänge eingebunden sind."[223] Die Verantwortung zur Vermittlung der Kompetenzen solle deshalb auch nicht allein bei den Hochschulen liegen, sondern die Arbeitgeber einbeziehen, die:

- „eine große Zahl von Praktika bzw. praxisorientierte Programme zur Vermittlung von Berufserfahrung an Studierende entwickeln,

- ihren [Qualifikations-]Bedarf stärker und klarer an die Hochschulen vermitteln und schließlich

---

[223] Ehlert, Holger [u.a.]: Praxisinitiativen an deutschen Universitäten, in: Ehlert, Holger; Welbers, Ulrich (Hrsg.): Handbuch Praxisinitiativen an Hochschulen, Neuwied 1999, S.264.

- Informationen zu Jobangebote stärker und offener vermitteln sollen."[224]

Hierbei treffen allerdings sehr unterschiedliche Vorstellungen von Strukturen und Inhalten der neuen Studiengänge aufeinander, sei es mit Blick auf mögliche Quotierungen, inhaltliche Vorgaben oder Qualifikationsprofile von Absolventen.[225] Viele Hochschulen tun sich deshalb schwer damit, Unternehmen in die Reformen und Neustrukturierungen ihrer Studiengänge einzubeziehen, was wiederum dazu führt, dass die neuen Abschlüsse Gefahr laufen, den Anforderungen des Arbeitsmarktes nicht gerecht zu werden und die Ziele der Reformen damit zu verfehlen.[226] In Kapitel 4.1 wird auf diese Probleme noch näher eingegangen.

3.5. Der organisatorische Rahmen des Bologna-Prozesses

Der Bologna-Prozess vollzieht sich in keinem rechtlich verbindlichen Rahmen und die dem Prozess zu Grunde liegenden Dokumente aus den Ministertreffen in Bologna, Prag, Berlin und Bergen stellen keine völkerrechtliche Verträge, sondern lediglich unverbindliche politische Willenserklärungen der unterzeichnenden Ministerinnen und Minister dar. Somit gibt es für das Verhältnis der am Prozess beteiligten Staaten weder untereinander verbindliche Ansprüche und Verpflichtungen noch entsteht aus den Dokumenten selbst eine bindende Wirkung für die subnationalen Ebenen der am Prozess beteiligten Staaten. Trotzdem ist eine hohe Verbindlichkeit in der Umsetzung der im Rahmen der Ministertreffen und Seminare getroffenen Beschlüsse

---

[224] Vukasovic (2004), ohne pag. (P.E. "designing a larger number of relevant internship programmes for students which will provide the students with the meaningful work experience, by relating their needs to the higher education community more actively and extensively and also by disseminating information on the job opportunities more widely and openly.").

[225] Vgl. Nyborg (2004a), S.3f.

[226] Vgl. European University Association: Trends 2003. Progress towards the European Higher Education Area. Bologna four years after: Steps toward sustainable reform of higher education in Europe, Genf 2003, S.27ff.

festzustellen, die fast vollständig in die nationalen Gesetzgebungen eingebracht und umgesetzt werden.[227]

Dies war gerade zu Beginn des Bologna-Prozesses noch nicht der Fall. Der Zeitraum zwischen den Treffen in Bologna und Prag war von einer relativ geringen Erwartungshaltung der beteiligten Akteure geprägt und konzeptionelle Arbeit fand fast ausschließlich im unmittelbaren Vorfeld des zweiten Ministertreffens in Prag statt. Teilweise lag dies auch darin begründet, dass selbst grundlegende Informationen zu den Bildungssystemen und Reformfeldern noch nicht in ausreichendem Umfang zur Verfügung standen. Da von den Bologna-Staaten zudem keinerlei finanzielle Mittel für die Schaffung von Arbeitsstrukturen bereitgestellt worden waren, musste die Weiterentwicklung der Reformen größtenteils von den nationalen Ministerien zusätzlich zur regulären Arbeit geleistet werden.[228]

Als Reaktion auf diese Situation und um eine kontinuierliche Arbeit im Rahmen der Reformen zu ermöglichen, verankerten die Bildungsminister im Prag Kommuniqué eine Follow-Up-Struktur, die weitere Konferenzen in zweijährigem Turnus sowie die Gründung einer Follow-Up Group und einer Vorbereitungsgruppe vorsah. Darüber hinaus wurden die Mitgliedstaaten dazu aufgefordert, zwischen den Ministertreffen internationale Seminare zu veranstalten, „die einzelne Aspekte des Prozesses aus europäischer Perspektive vertiefen sollten."[229] In Berlin wurden die Follow-Up Strukturen dann in ihre aktuelle Form gebracht, in der eine Follow-Up Group, ein Ausschuss (Board) dieser Gruppe und ein Bologna-Sekretariat die Koordination zwischen den Ministertreffen leisten.

3.5.1.   Follow-Up-Strukturen

Die Bologna Follow-Up Group (BFUG) setzt sich aus Vertretern der Unterzeichnerstaaten und der Europäischen Kommission als Vollmitglieder zusammen. Für Deutschland nehmen zusätzlich zur Bundesministerin für Bildung und Forschung auch eine von den Ländern benannte Vertreterin, derzeit die Wissenschaftsministerin

---

[227] Vgl. Keller (2003), S.22.
[228] Im Interview mit Birger Hendriks (2005).
[229] Nyborg, Per: The Bologna Process and its Bodies: How does it all work?, o.O. 2004b, ohne pag.

von Schleswig-Holstein, an den Ministertreffen teil, um die föderalen Strukturen der Bundesrepublik wiederzugeben. Einen Beobachterstatus und damit eine beratende Funktion nahmen bis 2005 zudem der Europarat, das European Centre for Higher Education der United Nations Educational, Scientific and Cultural Organization (UNESCO/CEPES), die European University Association und die European Association of Institutions in Higher Education als Vertreter der Hochschulen sowie die National Unions of Students in Europe als Vertreter der europäischen Studierenden wahr. Mit der Konferenz in Bergen wurde diese Gruppe um die Education International (EI) Pan-European Structure als Vertreter des Hochschulpersonals, die Union of Industrial and Employers' Confederations of Europe als Vertreter der europäischen Wirtschaft und die European Association for Quality Assurance in Higher Education erweitert. Der Vorsitz der BFUG wird von einem Vertreter des Gastlandes der nächsten Ministerkonferenz sowie einem Vertreter des Landes, das aktuell die EU-Präsidentschaft innehat, gestellt. Die nächste Bologna-Folgekonferenz wird 2007 in London stattfinden.

Die BFUG tritt etwa alle zwei Monate zusammen, um aktuelle Entwicklungen und Fortschritte in der Umsetzung des Bologna-Prozesses zu diskutieren. Sie bereitet dabei nicht nur die Kommuniqués des nächsten Ministertreffens vor, sondern unterstützt auch neue Mitgliedstaaten bei der Umsetzung der bisherigen Beschlüsse und hält Kontakt zur ENQA. Seit der Berlin-Konferenz ist sie außerdem mit der Koordination der „Bestandsaufnahme" (stock taking) und der Vorbereitung entsprechender Berichte beauftragt. Koordiniert wird die BFUG durch einen Ausschuss (das Board), der zusammen mit einem vom Veranstaltungsland der nächsten Konferenz gestellten Sekretariat die organisatorische und administrative Arbeit in der Vorbereitung der Treffen leistet (Konsultation der Mitglieder, Kommunikation, Termin- und Raumplanungen, etc.).[230] Das Board besteht aus Vertretern der EU-Präsidentschaft, Vertretern der vorherigen und folgenden EU-Präsidentschaft, Vertretern des Gastlandes der nächsten Ministerkonferenz, Vertretern dreier durch die BFUG ausgewählten Länder und der Europäischen Kommission.

---

[230] Vgl. Italian Presidency of the Bologna Follow-Up: Bologna Follow-Up Group. Responsibilities of the Board – Tasks of the Secretariat, Rom am 14. November 2003, S.2.

Als Ergänzung zu den Treffen der BFUG und des Boards finden seit 2002 Bologna-Seminare zu verschiedenen Themen statt, unter anderem zu BA/MA-Modellen, zur Qualitätssicherung, zu Joint Degrees, dem ECTS, zu Qualifikationsrahmen und sozialen Aspekten im Bologna-Prozess. Damit decken sie einen großen Teil der in den Kommuniqués verankerten Themen ab, für die sie entweder konkrete Handlungsempfehlungen entwickeln oder Informationen für die Ministertreffen aufbereiten. Die Seminare werden wahlweise von den Bologna-Mitgliedstaaten oder von den Organisationen mit Beobachterstatus durchführt und haben sich für die Umsetzung der Bologna-Beschlüsse als außerordentlich wertvoll erwiesen. Obwohl sie gerade in der Anfangsphase sehr unstrukturiert und isoliert stattfanden, leisteten sie für die konkrete Umsetzung der Reformen wertvolle Dienste und sind ein wesentlicher Grund für die hohe Dynamik im Gesamtprozess.[231] Die dritte Ebene der Follow-Up Struktur stellen die nationalen Bologna-Gruppen dar. Sie setzen sich üblicherweise aus Vertretern der Regierung und der Bildungsministerien, der Hochschulrektoren und der Studierenden sowie in einigen Fällen aus Vertretern der Arbeitgeber, Qualitätssicherungsagenturen und Gewerkschaften zusammen.[232] In Deutschland besteht sie somit aus Vertretern des Bundesministeriums für Bildung und Forschung, der Hochschulrektorenkonferenz, der Kultusminister-konferenz (KMK), des Deutschen Akademischen Austausch Dienstes, des Akkreditierungsrats, sowie Vertretern des freien zusammenschluß von studentinnenschaften (fzs), der Gewerkschaft Erziehung und Wissenschaft (GEW) und der Bundesvereinigung der Deutschen Arbeitgeberverbände (BDA). Dem Bund kommt dabei die Aufgabe zu, zentrale Vorgaben aus dem Bologna-Prozess in der Rahmengesetzgebung (Hochschul-rahmengesetz) zu verankern, während die Bundesländer die Umsetzung des Prozesses durch die Landeshochschulgesetze, Erlasse, Eckwerte und Zielsetzungen mit den Hochschulen vorantreiben. Im Rahmen der Kultusministerkonferenz werden hierfür ländergemeinsame Strukturvorgaben für die neuen Studiengänge und Qualitätssicherungsmethoden in Form eines Akkreditierungswesens erarbeitet, während die Bund-Länder-

---

[231] Im Interview mit Birger Hendriks (2005).
[232] Vgl. Council of Europe: Bologna for Pedestrians, in: http://www.coe.int/T/DG4/HigherEducation/EHEA2010/BolognaPedestri ans_en.asp (18.08.2005), ohne pag.

Kommission für Bildungsplanung und Forschungsförderung (BLK) zudem Pilotprojekte zur Umsetzung einzelner Aspekte des Bologna-Prozesses initiiert.[233]

Eine visualisierte Darstellung der Bologna Follow-Up Struktur findet sich auf der folgenden Seite in Abbildung 2.

3.5.2. Akteure und beteiligte Gruppen

Direkt oder indirekt ist somit eine große Zahl von Institutionen und Organisationen in die Bologna Follow-Up Strukturen eingebunden. Dieses Kapitel soll dazu dienen, die Tätigkeiten und Aufgaben dieser Akteure in aller Kürze zu beleuchten und ihre Position im institutionellen Rahmen des Bologna-Prozesses zu analysieren.

Die Rolle der **Europäischen Union** im Bologna-Prozess präsentiert sich durchaus ambivalent. Wie zu Beginn dieser Arbeit beschrieben, war die Union über lange Zeit die treibende Kraft einer europäischen Hochschulbildungspolitik.[234] Obwohl ihre rechtliche Grundlage auch nach dem Vertrag von Maastricht sehr schmal war, hatte sie mit ihren Mobilitätsprogrammen enorme Erfolge verzeichnen können und entwickelte zahlreiche Instrumente, die später Eingang in die Bologna-Strukturen fanden (so das ECTS, das Diploma Supplement oder die Pläne zum europäischen Master).[235] Mit der Bologna-Erklärung trat nun eine völlig neue Situation ein, in der die Union weitgehend marginalisiert wurde und die Nationalstaaten zu den Hauptakteuren europäischer Bildungszusammenarbeit auf- stiegen.[236]

---

[233] Vgl. Hochschulrektorenkonferenz: Akteure und Gremien, ohne pag.

[234] Vgl. Wächter, Bernd: The Bologna Process: developments and prospects, in: European Journal of Education, Volume 39, 2004 (3), S.271.

[235] Vgl. Huisman, Jeroen; van der Wende, Marijk: The EU and Bologna: are supra- and international initiatives threatening domestic agendas?, in: European Journal of Education, Volume 38, 2004 (3), S.350ff.

[236] Vgl. Wächter (2004), S.271.

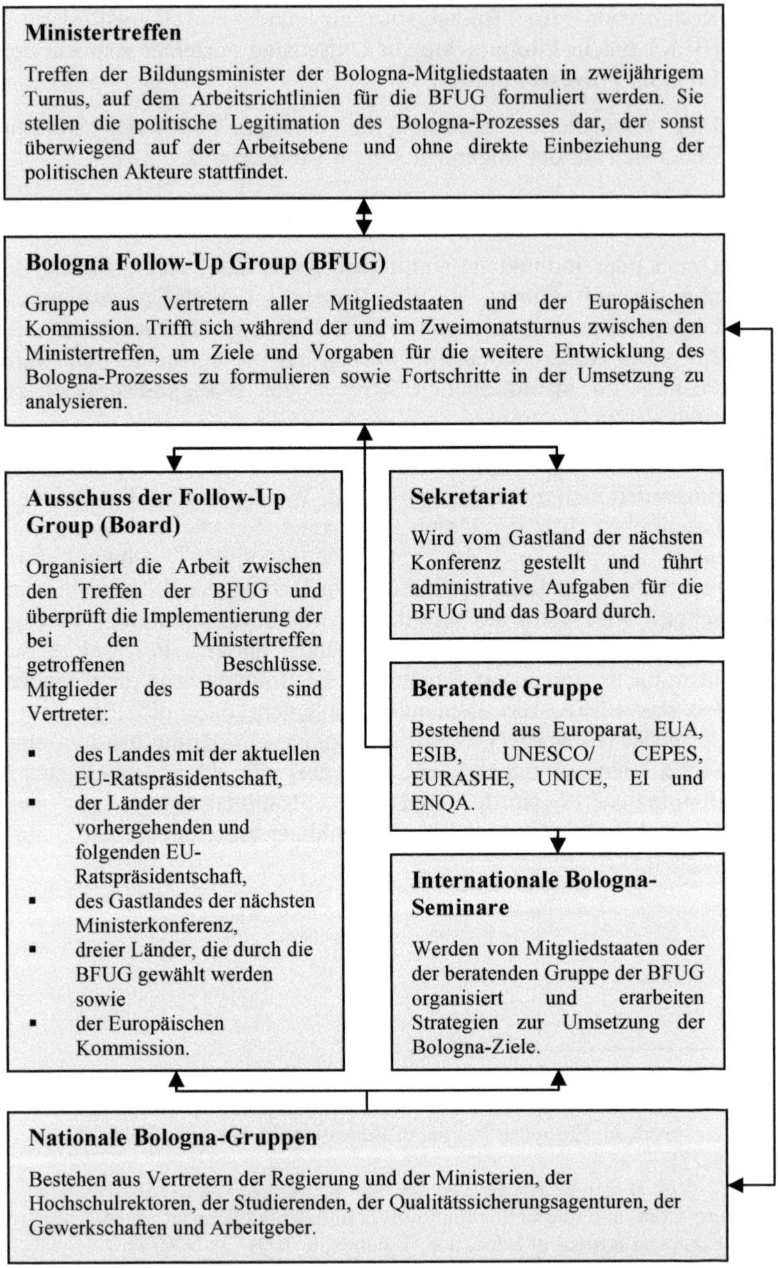

Ministertreffen

Treffen der Bildungsminister der Bologna-Mitgliedstaaten in zweijährigem Turnus, auf dem Arbeitsrichtlinien für die BFUG formuliert werden. Sie stellen die politische Legitimation des Bologna-Prozesses dar, der sonst überwiegend auf der Arbeitsebene und ohne direkte Einbeziehung der politischen Akteure stattfindet.

Bologna Follow-Up Group (BFUG)

Gruppe aus Vertretern aller Mitgliedstaaten und der Europäischen Kommission. Trifft sich während der und im Zweimonatsturnus zwischen den Ministertreffen, um Ziele und Vorgaben für die weitere Entwicklung des Bologna-Prozesses zu formulieren sowie Fortschritte in der Umsetzung zu analysieren.

Ausschuss der Follow-Up Group (Board)

Organisiert die Arbeit zwischen den Treffen der BFUG und überprüft die Implementierung der bei den Ministertreffen getroffenen Beschlüsse. Mitglieder des Boards sind Vertreter:

- des Landes mit der aktuellen EU-Ratspräsidentschaft,
- der Länder der vorhergehenden und folgenden EU-Ratspräsidentschaft,
- des Gastlandes der nächsten Ministerkonferenz,
- dreier Länder, die durch die BFUG gewählt werden sowie
- der Europäischen Kommission.

Sekretariat

Wird vom Gastland der nächsten Konferenz gestellt und führt administrative Aufgaben für die BFUG und das Board durch.

Beratende Gruppe

Bestehend aus Europarat, EUA, ESIB, UNESCO/ CEPES, EURASHE, UNICE, EI und ENQA.

Internationale Bologna-Seminare

Werden von Mitgliedstaaten oder der beratenden Gruppe der BFUG organisiert und erarbeiten Strategien zur Umsetzung der Bologna-Ziele.

Nationale Bologna-Gruppen

Bestehen aus Vertretern der Regierung und der Ministerien, der Hochschulrektoren, der Studierenden, der Qualitätssicherungsagenturen, der Gewerkschaften und Arbeitgeber.

Abbildung 2: Organisationsstrukturen

Der Europäischen Kommission ist es jedoch recht schnell gelungen, dem Prozess wieder „durch die Hintertür"[237] beizutreten und in Form von organisatorischer und finanzieller Unterstützung Einfluss auf die Reformen zu nehmen.[238] Zudem wurden in Sorbonne und Bologna faktisch wesentliche Teile der bisherigen EU-Politiken in ein intergouvernementales Konstrukt übernommen und als nationale Reformziele verankert.[239] Schon beim Nachfolgetreffen in Prag 2001 wurde die Kommission auch als Vollmitglied in die Bologna Follow-Up Gruppe aufgenommen und kann seitdem „die europäische Bildungspolitik der Union mit den Zielen und der Umsetzung des Bologna-Prozesses"[240] verknüpfen.

In den seit November 2001 vorgelegten Berichten des Generaldirektoriums für Bildung und Kultur der Europäischen Kommission werden die Aktivitäten der Union unter anderem mit den folgenden Projekten benannt:[241]

- in der Unterstützung der Einführung des Diplomzusatzes (Diploma Supplement) durch das SOCRATES/ERASMUS-Programm zur Förderung der Transparenz von Studiengängen,

- in der Weiterentwicklung des ECTS hin zu einem europäischen Leistungspunktsystem für Lebenslanges Lernen (ECTS plus), das die bildungsbereichsübergreifende Sammlung von Punkten ermöglichen soll,

---

[237] Ebd., aaO. (P.E. „trough the back door").

[238] Vgl. van der Wende, Marijk; Huisman, Jeroen: Europe, in: Huisman, Jeroen; van der Wende (Hrsg.): On cooperation and Competition. National and European Policies for the Internationalisation of Higher Education, Bonn 2004, S.24.

[239] Vgl. Karlsen, Gustav E.: The Bologna process – a judicial confirmation of EU's policy of education?, Bergen 2005, S.3f; de Wit (2003), S.170.

[240] Friedrich, Hans Rainer: Europäische Räume, europäische Kultur, Wertebewußtsein und Identitätsbildung", in: vhw Mitteilungen, 2003 (4), S.21.

[241] Vgl. European Commission: From Prague to Berlin. The EU Contribution, Brüssel 2001, ohne pag.; European Commission: From Prague to Berlin. The EU Contribution. Progress Report, Brüssel 2002, S.1-5; European Commission: From Prague to Berlin. The EU Contribution. Second Progress Report, Brüssel 2003, S.1-6; European Commission: From Berlin to Bergen. The EU Contribution, Brüssel 2003, S.1-8; European Commission: From Berlin to Bergen. The EU Contribution. Progress Report, Brüssel 2005, S.1-8.

- in der Entwicklung interner wie externer Qualitätssicherungsinstrumente (unter anderem Europäischer Standards und des Europäischen Registers) durch Unterstützung von Pilotprojekten an einzelnen Hochschulen und des ENQA,

- in der Förderung von gemeinsamen Abschlüssen („Joint Degrees") durch mehrere Pilotprojekte und Implementierung in das ERASMUS MUNDUS Programm,

- in der Verbesserung der Master- und Doktorandenausbildung mit dem Ziel eines Europäischen Masters und eines Europäischen Doktorats,

- in der Identifikation berufsrelevanter Qualifikationen für verschiedene Studiengänge im Rahmen von TUNING (Tuning educational structures in Europe) sowie

- in der Durchführung des „Stocktaking", also der Erfassung von Fortschritten in der Umsetzung des Bologna-Prozesses über das Eurydice Netzwerk.

Die Kommission unterstützt darüber hinaus Werbe- und Informationsmaßnahmen sowie diverse Studien (z.B. der ESIB und der EUA) zum Bologna-Prozess sowohl finanziell als auch organisatorisch.

Für die Union stellt der Bologna-Prozess eine willkommene Möglichkeit dar, Einfluss auf die europäische Hochschulbildungspolitik auch über die rechtlichen Rahmenbedingungen der Artikel 149 und 150 hinaus zu nehmen und „ihre Zuständigkeitskompetenz in Bildungsfragen zu vertiefen und zu erweitern."[242] Damit schürt sie allerdings auch Befürchtungen vor „eine[r] Vereinnahmung des Bologna-Prozesses und eine[r] Zusammenführung mit dem Kopenhagen-Brügge-Prozess unter dem umfassenden Dach der Lissabon-Gesamtstrategie."[243] Ob dies tatsächlich geplant ist, kann an dieser Stelle nicht abschließend beantwortet werden. Tatsächlich aber betonen auch andere Untersuchungen sowie Veröffentlichungen der Kommission, dass die Organe der Union den Bologna-Prozess zumindest in einen engen Zusammenhang mit den Plänen aus Lissabon und

---

[242] Im Interview mit Birgit Galler am 22. Juli 2005.
[243] Ebd., aaO.

Kopenhagen stellen und als „Fortsetzung der Harmonisierungsbestrebungen im Bereich der Hochschul-bildung"[244] betrachten.[245] Inwiefern hieraus Gefahren oder Chancen für den Bologna-Prozess erwachsen, bedürfte einer intensiveren Untersuchung.

Der **Europarat** nimmt im Bologna-Prozess ebenfalls eine relevante Funktion ein, ohne jedoch in Umfang oder Bedeutung des Engagements an die Europäische Union heranzureichen. Dies wird schon dadurch deutlich, dass er sowohl in der Follow-Up Gruppe als auch der Vorbereitungsgruppe lediglich einen Beobachterstatus innehat. Diese Rolle als Beobachter und als „Brücke zwischen den Bologna-Mitgliedstaaten und den europäischen Staaten die (...) noch nicht in den Prozess eingebunden sind"[246], sollte jedoch nicht unterschätzt werden. Gerade seine Kenntnisse über die inneren Entwicklungen von Nicht-EU-Staaten in und im näheren Umfeld von Europa stellen eine wertvolle Ressource dar, die auch gewürdigt wird.[247] Die wohl wichtigsten vom Europarat beeinflussten Elemente des Bologna-Prozesses sind die Anerkennungsrichtlinien der Lissabon-Konvention und des ENIC.

Die gemeinsam vom Europarat und der UNESCO entwickelte **Lissabon-Konvention (Convention on the Recognition of Qualifications concerning Higher Education in the European Region)** vom 11. April 1997 stellt eine Weiterentwicklung und Ergänzung der verschiedenen Konventionen der fünfziger und sechziger Jahre dar, die vielfach nicht zufrieden stellend umgesetzt worden waren und den Veränderungen im internationalen

---

[244] Karlsen, Gustav: The Bologna process – a judicial confirmation of EU's policy of education?, Bergen 2005, S.5 (P.E. "a continuing of the process in EU for harmonization of higher education").
[245] Vgl. Wächter (2003), S.271f.; European Commission: Realising the European Higher Education Area. Contribution of the European Commission, Brüssel 2003, S.3; The European Higher Education Area beyond 2010, Meeting of the BFUG, Brüssel am 26.-27. April 2005, S.2.
[246] Higher Education and Research Committee: The Council of Europe contribution to the Bologna Process, Strassburg 2002, S.2 (P.E. "a bridge between those countries party to the Process and the remaining European countries that may benefit from the process but are not party to it").
[247] Im Interview mit Hans R. Friedrich (2005).

Hochschulsektor nicht mehr gerecht wurden.[248] Sie wurde im Rahmen dieser Arbeit bereits vorgestellt und soll hier deshalb nicht erneut vertieft werden. Betont werden soll aber erneut, dass die Konvention in der Anerkennung von Qualifikationen und Abschlüssen eine tragende Rolle einnimmt und dass Forderungen nach einer Ratifizierung auch in Deutschland von nahezu allen am Prozess beteiligten Organisationen (wie der HRK, der KMK, des DAAD und des fzs) geäußert werden.

Bereits in Vorbereitung auf die Lissabon-Konvention wurde vom Europarat 1994 gemeinsam mit der UNESCO das **ENIC (European Network of National Information Centres on academic recognition and mobility)** geschaffen. Das Netzwerk setzt sich aus nationalen Informationszentren der Unterzeichnerstaaten der europäischen Kulturkonvention zusammen. Ihnen kommt die Aufgabe zu, Informationen zu folgenden Themen bereit zu stellen:

- „zur Anerkennung ausländischer Diplome, akademischer Grade und anderer Qualifikationen;

- zu den Bildungssystemen des eigenen Landes und zu denen anderer Länder [sowie]

- zu Möglichkeiten des Auslandsstudiums inklusive Informationen zu Stipendien, Finanzierungsmöglichkeiten und praktischen Fragen bezüglich Mobilität und Vergleichbarkeit von Abschlüssen."[249]

Seine Zielgruppen stellen dabei Studierende, Eltern, Arbeitgeber und Einrichtungen der höheren Bildung sowie die verantwortlichen Ministerien dar. ENIC, dessen Sekretariat vom Europarat und der UNESCO/CEPES gemeinsam unterhalten wird, arbeitet eng mit dem **NARIC (National Academic Recognition**

---

[248] Vgl. Convention on the recognition of qualifications concerning higher education in the european region, Lissabon am 11. April 1997, ohne pag.

[249] European Network of Information Centres; National Academic Recognition Information Centres: About us, ohne pag. (P.E. "the recognition of foreign diplomas, degrees and other qualifications; education systems in both foreign countries and the ENIC's own country [as well as] opportunities for studying abroad, including information on loans and scholarships, as well as advice on practical questions related to mobility and equivalence.")

Information Centres), dem Netzwerk der Europäischen Union, zusammen.

NARIC wurde auf Initiative der Europäischen Kommission 1984 gegründet und ist somit älter als das Netzwerk des Europarates. Auch dieses Netzwerk zielt darauf ab, die Anerkennung von akademischen Abschlüssen und Studienleistungen im Austausch zwischen den europäischen Staaten zu verbessern. Als Teil des SOCRATES/ERASMUS Programms erhält es finanzielle wie organisatorische Unterstützung durch die EU.

Durch die im Jahr 2004 unterzeichnete gemeinsame Charta (Joint ENIC/NARIC Charter of Activities and Services) sind die beiden Netzwerke faktisch verschmolzen, haben aber ihre institutionelle Eigenständigkeit behalten.[250] Darüber hinaus beschäftigen sich gemeinsame Arbeitsgruppen mit aktuellen Themen. ENIC/NARIC arbeiten hierbei auch eng mit dem Europäischen Netzwerk für Qualitätssicherung in der Höheren Bildung **ENQA (European Association for Quality Assurance in Higher Education)** zusammen.

ENQA, das aus dem im Jahr 2000 gegründeten „European Network for Quality Assurance in Higher Education" hervorgegangen ist, hat zum Ziel, die europäische Zusammenarbeit im Bereich der Qualitätssicherung zu intensivieren. Es stellt einen Zusammenschluss nationaler Qualitätssicherungsagenturen dar und wird in seinen jährlichen Treffen durch Beobachter der nationalen Bildungsministerien ergänzt. Durch das Berlin Kommuniqué erfuhr der Verband eine deutliche Aufwertung und erhielt die Aufgaben, „ein vereinbartes System von Normen, Verfahren und Richtlinien zur Qualitätssicherung zu entwickeln, Möglichkeiten zur Gewährleistung eines geeigneten Begutachtungsprozesses (peer review) für Agenturen und Einrichtungen zur Qualitätssicherung und/oder Akkreditierung zu prüfen und durch die Follow-up-Gruppe den Ministerinnen und Ministern bis 2005 darüber Bericht zu erstatten."[251] In Bergen wurde ein entsprechender Bericht (Standards and Guidelines for Quality Assurance in the European Higher Education Area) von den Ministern angenommen und ENQA erhielt einen Beobachterstatus

---

[250] Vgl. Council of Europe: The ENIC Network, ohne pag.

[251] Berlin Kommuniqué. Den Europäischen Hochschulraum verwirklichen, Berlin am 19. September 2003, S.4.

in der BFUG. Gleichzeitig wurde die Agentur damit betraut, in Zusammenarbeit mit der EUA, EURASHE und ESIB weitere Konzepte zur praktischen Umsetzung des im Bericht vorgestellten Europäischen Registers zu entwickeln.[252]

Die **EUA (European University Association)** ist die europäische Vertretung der Hochschulen und der nationalen Hochschulrektorenkonferenzen. Sie entstand im Jahr 2001 aus dem Zusammenschluss der Association of European Universities (CRE, l'association des universités européennes) mit der Confederation of European Union Rectors' Conferences.[253] Die EUA hat sich zum Ziel gesetzt, die Entwicklung eines Europäischen Bildungs- und Forschungsraumes voranzutreiben und die Interessen der Hochschulen im Rahmen des Bologna-Prozesses zu vertreten. Dabei zielt sie vor allem darauf:[254]

- die Rolle der Hochschulen im Europäischen Hochschulraum (EHEA) und im Europäischen Forschungsraum (ERA) durch Beiträge zu politischen Debatten und die Entwicklung eigener Projekte zu stärken,

- den Informationsaustausch zwischen den europäischen Hochschulen durch Studien zu aktuellen Trends und Publikationen zu erfolgreichen Methoden (examples of good practice) zu verbessern sowie

- die Sichtbarkeit der europäische Universitäten und den Europäischen Hochschulraum auf internationaler Ebene zu steigern.

Im Rahmen des Bologna-Prozesses ist die EUA in verschiedenen Bereichen tätig:

- in der Erstellung der zweijährigen Trends-Berichte zu Entwicklungen in der EHEA, die als Grundlage für die Ministertreffen in Hinblick auf die Fortschritte in der Umsetzung der Bologna-Beschlüsse dienen,

---

[252] Vgl. Bergen Kommuniqué. Der europäische Hochschulraum – die Ziele erreichen, Bergen am 19.-20. Mai 2005, S.3.

[253] Vgl. Merger Agreement between the Association of European Universities (CRE) and the Confederation of European Union Rectors' Conferences, Salamanca am 31. März 2001, ohne pag.

[254] Vgl. European University Association: Articles of Association for the European University Association, ohne pag.

- in der Bereitstellung eines institutionellen Evaluationsprogramms und der Förderung einer Qualitätskultur zum Aufbau von Qualitätssicherungssystemen im europäischen Kontext,

- in der Entwicklung von Konzepten und Standards für Joint Degrees,

- in der Verbesserung und Verbreitung des ECTS sowie

- in der Integration der Hochschulen neuer Bologna-Mitgliedstaaten in den Europäischen Hochschulraum.

Eine enge Zusammenarbeit pflegt der Verbund dabei mit der europäischen Studierendenvertretung **ESIB (The National Unions of Students in Europe, vormals European Student Information Bureau)**. Hierbei handelt es sich um einen Dachverband nationaler Zusammenschlüsse von Studierenden, der europaweit etwa 10 Millionen Studenten vertritt. ESIB ist durch ein eigenes Komitee, das Bologna Process Committee, in den Bologna-Prozess involviert und wurde beim Ministertreffen in Prag als beratendes Mitglied mit Beobachterstatus in die BFUG aufgenommen. Bereits im Vorfeld des Prager Treffens hatte der Verband seine Positionen in der Göteborg Konvention (Student Göteborg Convention) vom 25. März 2001 deutlich gemacht, die vor allem Kritik an der fehlenden sozialen Dimension des Bologna-Prozesses übte. Weitere Konventionen und Beschlüsse am 18. November 2001 in Brüssel und, gemeinsam mit der EUA, am 6. März 2002 in Paris vertieften diese Kritik und betonten, dass Bildung als öffentliches Gut zu betrachten sei und keinen „handelbaren Service"[255] darstelle. Gleichzeitig lehnt ESIB Zugangsbeschränkungen für die zweite Studienstufe ab, betont die Notwendigkeit einer Internationalität unter humanistischen und entwicklungspolitischen Aspekten und bestätigt die Funktion von Bildung als Entfaltungsmöglichkeit der eigenen Persönlichkeit.[256] Der Studentenverband hat sich somit zum Mahner und zu einer Art sozialem Gewissen des Bologna-Prozesses entwickelt, leistete aber

---

[255] Students and universities: An academic community on the move. EUA and ESIB Joint Declaration, Paris am 6. März 2002, ohne pag. (P.E. "tradable service").

[256] Vgl. ESIB: ESIB and the Bologna Process - creating a European Higher Education Area for and with students, ohne pag.

gleichzeitig auch wichtige Beiträge zur Umsetzung der Reformen, häufig in Form von Verlautbarungen, Studien und Befragungen.

Über die bisher genannten Organisationen hinaus wurden noch weitere Vertreter von Einrichtungen der höheren Bildung, ihrer Mitarbeiter und der europäischen Wirtschaft als beratende Mitglieder in den Bologna-Prozess und in die Follow-Up Gruppe eingebunden. Dazu zählen:

- **EURASHE (European Association of Institutions in Higher Education)**, eine 1990 gegründete Organisation, die über die Hochschulen hinaus auch andere Institutionen der höheren Bildung in Europa vertritt,

- **EI (Education International)**, die eine Föderation nationaler Interessenvertretungen von Lehrern und Lehrpersonal darstellt und in Europa 141 Einrichtungen (Gewerkschaften, Interessenverbände, etc.) vertritt sowie

- **UNICE (Union des Industries de la Communauté européenne)** als Vertreter der Arbeitgeber und der Wirtschaft in Europa, die aktuell 40 nationale Wirtschaftsverbände repräsentiert.

Im Rahmen des Bologna-Prozesses haben diese drei Gruppen mehrere Dokumente und Positionspapiere veröffentlicht, spielen aber im Vergleich zu den vorher genannten Akteuren lediglich eine untergeordnete Rolle.

Dass zahllose andere Organisationen, Institutionen und Netzwerke auf internationaler europäischer und nationaler Ebene in den Bologna-Prozess direkt oder indirekt involviert sind (z.B. die IAUP (International Association of University Presidents, das INQUAAHE (International Network of Quality Assurance Agencies in Higher Education) und viele mehr), sei an dieser Stelle nur erwähnt, aber nicht weiter vertieft. Positionspapiere und Beiträge zum Prozess sind jedoch in den meisten Fällen über die Webseiten abzurufen.

4. Fortschritte und Trends im Bologna-Prozess

4.1. Einführung einer gestuften Studienstruktur

Warum die Teilnehmer des Bologna-Prozesses gestufte Studiengänge einführen wollten, wurde in dieser Arbeit bereits ausführlich beschrieben: Eine Verkürzung des Studiums, die Verringerung von Drop-Out-Quoten, eine Anpassung an das internationale Bildungssystem, all das spielte eine wesentliche Rolle für die Entscheidung der Minister.[257] Eine Festlegung des neuen Systems auf die Abschlüsse Bachelor und Master hingegen fand nicht sofort statt. Zwar wurde das Master-Studium als Postgraduiertenzyklus bereits in Sorbonne explizit genannt, für den Bachelor-Abschluss fehlen entsprechende Aussagen jedoch, denn für die Strukturen des ersten Zyklus wurde in der Bologna-Erklärung lediglich festgelegt:

„Regelvoraussetzung für die Zulassung zum zweiten Zyklus ist der erfolgreiche Abschluss des ersten Studienzyklus, der mindestens drei Jahre dauert. Der nach dem ersten Zyklus erworbene Abschluss attestiert eine für den europäischen Arbeitsmarkt relevante Qualifikationsebene."[258]

Auch in den folgenden Kommuniqués von Prag, Berlin und Bergen fehlt ein expliziter Bezug auf den Bachelor als Abschluss des ersten Studienzyklus. Hierbei handelt es sich aber lediglich um eine sprachliche Feinheit: Die Begriffe Bachelor und Master haben sich als Synonyme für den ersten bzw. zweiten Studienzyklus eingebürgert, wobei unabhängig vom tatsächlichen Namen der Abschlüsse in den nationalen Systemen die im Bologna-Prozess erarbeiteten Grundlagen des zweistufigen Systems gelten. Dabei ergab sich von Beginn an das Problem, dass einheitliche Strukturen für BA/MA-Studiengänge weder innerhalb Europas noch auf internationaler Ebene festzustellen waren. Dreijährige Bachelor-Studien waren ebenso zu finden wie fünfjährige und Curricula wie Orientierung der bestehenden Abschlüsse divergierten erheblich.[259] Der erste Schritt zur Entwicklung gemeinsamer Strukturen war es deshalb, Vorgaben für die

---

[257] Vgl. van der Wende; Huisman (2004), S.23f.
[258] Bologna-Deklaration (1999), ohne pag.
[259] Vgl. Haug; Kirstein (1999), S.6f.

gemeinsamen europäischen Studienzyklen zu erarbeiten und Einigkeit bezüglich der Standards der Abschlüsse zu erzielen. Bereits in Vorbereitung zum Treffen in Bologna wurden hierzu erste Schritte unternommen. Mit Unterstützung der Europäischen Hochschulrektorenkonferenz und des Europäischen Hochschulverbundes CRE wurde von Guy Haug und Jette Kirstein der so genannte „Trends-I-Bericht" angefertigt, der eine Übersicht über Unterschiede und Gemeinsamkeiten der nationalen Hochschulsysteme in Europa bieten sollte.[260] Er stellte in den untersuchten Ländern keine einheitlichen Strukturen bezüglich des ersten Zyklus fest, konnte jedoch eine starke Konvergenz im zweiten Zyklus, also bei den Masterstudiengängen, nachweisen, bis zu deren Erwerb zumeist fünf Jahre Studienzeit aufgewendet werden mussten. Auf Basis seiner Untersuchungen empfahl Haug daher die Einführung einer gemeinsamen, aber flexiblen Studienstruktur, bestehend aus vier Abschlüssen:[261]

- Kurzzeitstudiengängen mit einer Dauer von ein bis zwei Jahren (120 Credits) für den Erwerb von Zertifikaten und Diplomas,

- einem ersten berufsqualifizierenden Abschluss (Bachelor bzw. ein vergleichbarer Abschluss) mit einer Dauer von mindestens drei und maximal vier Jahren (180-240 ECTS),

- einem Master-Abschluss, der innerhalb von fünf Jahren zu erreichen sei (inkl. dem Bachelor-Studium, also ca. 300 ECTS umfassen sollte), wobei mindestens 12 Monate (60 ECTS) in einem Masterstudiengang verbracht werden sollten sowie

- einem Doktor-Abschluss, der von Beginn des Studiums an in etwa sieben bis acht Jahren beendet werden könne.

Auf Basis dieser Studie wurde für das Ministertreffen in Prag 2001 durch ein Bologna-Seminar zu Bachelor-Abschlüssen (International Seminar on Bachelor-Level Degrees) eine

---

[260] Vgl. Haug; Kirstein (1999), S.7.
[261] Vgl. ebd., S.13.

Empfehlung erarbeitet, die den ersten Studienzyklus wie folgt konkretisierte:[262]

- Der Abschluss sei eine Hochschulqualifikation, die mit 180 bis 240 ECTS binnen eines drei- bis vierjährigen Vollzeitstudiums erworben werden könne,

- er dürfe sowohl von traditionellen Universitäten als auch von anderen professionellen Hochschulinstitutionen verliehen werden,

- die Studieninhalte bis zum ersten Abschluss dürften bzw. sollten eine unterschiedliche inhaltliche und konzeptionelle Ausrichtung haben und schließlich

- eine abgeschlossene Ausbildung darstellen, die nicht auf einen eindeutigen Aufbaustudiengang im zweiten Zyklus ausgerichtet sei.

Die Studienstruktur des Masters wurde von der Follow-Up Group in einem weiteren Seminar im März 2003 behandelt (Conference on Master-level Degrees). Zu dieser Zeit hatte die Implementierung von zweistufigen Studienstrukturen in fast allen Teilnehmerstaaten bereits begonnen und erste Trends konnten beobachtet werden. Hierbei trat zu Tage, dass in Europa überwiegend kurze Bachelor-Studiengänge von drei Jahren (180 Credits) mit anderthalb bis zweijährigen Mastern (von 90 bis 120 Credits) kombiniert werden, sodass ein „typischer Master-Abschluss" mit ca. 300 Credits zu erreichen ist.[263] Zur weiteren Entwicklung des zweiten Zyklus wurde empfohlen:[264]

- den Master-Abschluss deutlich vom Bachelor-Abschluss abzugrenzen, um die unterschiedliche Qualität und Quantität der Studiengänge zu betonen und

---

[262] Vgl. International Seminar on Bachelor-Level Degrees. Conclusions and Recommendations of the Seminar to the Prague Higher Education Summit, Helsinki am 16.-17. Februar 2001, ohne pag.

[263] Vgl. Haug; Tauch (2001), S.40f.

[264] Vgl. International Conference on Master-level Degrees. Conclusions and Recommendations of the Conference, Helsinki am 14.-15. März 2003, ohne pag.

- Master-Absolventen zu einem eigenständigen, forschungsorientierten Handeln und zur Vermittlung und Verknüpfung komplexer Informationen zu befähigen.

Dabei soll der zweite Studienzyklus prinzipiell jedem Absolventen des ersten Zyklus offen stehen und ein erfolgreicher Abschluss eines Masterstudiums zur Aufnahme eines Doktorats berechtigen.

Hierin zeigte sich, dass zumindest ein in der Bologna-Deklaration skizzierter Aspekt der zweistufigen Studienstruktur keine Mehrheit unter den Mitgliedsländern hatte: Die Promotion als gleichgewichtigen Abschluss neben dem Master zu betrachten, nach dem „der zweite Zyklus (...), wie in vielen europäischen Ländern, mit dem Master und/oder der Promotion abschließen [sollte]."[265] Dies hätte bedeutet, dass Bachelor-Absolventen wahlweise einen Zugang zum Master-Studium oder zu einem Doktorandenstudium haben sollten, was bei vielen Hochschulen und nationalen Regierungen auf erheblichen Widerstand stieß. Im Berlin-Kommuniqué wurden die Forderungen dementsprechend geändert, dass nun "die Abschlüsse des ersten Studienzyklus (...) im Sinne des Lissabon-Abkommens den Zugang zum zweiten Zyklus [und] (...) Abschlüsse des zweiten Zyklus den Zugang zum Doktorandenstudium ermöglichen"[266] sollen. Zwar steht besonders begabten Bachelor-Absolventen der Zugang zur Promotion weiterhin offen, dieser akademische Karrierepfad stellt aber eine Ausnahme dar und ist zudem an eine Eignungs-feststellungsprüfung gebunden. Die bisher zweistufige Studienstruktur wurde somit um eine dritte Stufe erweitert, als Abschlüsse gelten jetzt (äquivalent für vergleichbare Abschlüsse): 1. Bachelor, 2. Master und 3. Doktorat.

Der in der Ministerkonferenz von Bergen angenommene übergreifende Qualifikationsrahmen im Europäischen Hochschulraum bestätigt diese strukturelle Modifikation und beantwortet auch die Frage nach Kurzzeitstudiengängen (sub-level degrees), die im Trends-I-Bericht noch als vierte, unterhalb der Bachelor-Strukturen angesiedelte Studienstufe empfohlen worden war. Diese Studiengänge können auf nationaler Ebene weiterhin bestehen und, sofern sie mit ECTS erfasst werden, auch ergänzend zu oder im Rahmen eines Bachelor-Studiums durchgeführt

---

[265] Bologna-Deklaration (1999), ohne pag.
[266] Berlin Kommuniqué (2003), S.4.

werden. Sie werden jedoch nicht als eigenständiger Zyklus in den Bologna-Prozess aufgenommen und ihre Anerkennung soll über die Regeln der Lissabon-Konvention gehandhabt werden.[267] Auch andere nationalstaatliche Studienstrukturen können weiterhin beibehalten werden, sofern diese in einen Zusammenhang mit dem dreizyklischen Bolognasystem gebracht werden (so z.B. im Fall eines integrierten Masterstudiums für Mediziner). Die verfügbaren Studienpfade im Bologna-System lassen sich damit wie folgt darstellen:

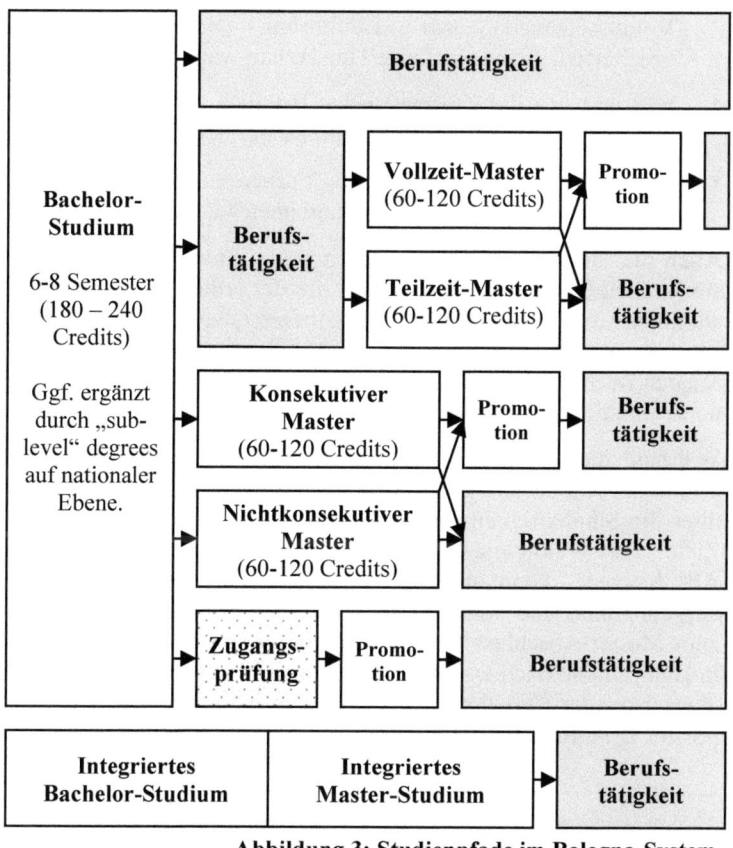

Abbildung 3: Studienpfade im Bologna-System

---

[267] Vgl. Ministry of Science, Technology and Innovation: A Framework for Qualifications of the European Higher Education Area. Bologna Working Group on Qualifications Frameworks, Kopenhagen 2005, S.63ff.

Bis zum Ministertreffen in Bergen ist die zweizyklische Studienstruktur in einer Mehrzahl der Mitgliedstaaten implementiert worden:[268]

- 24 Länder haben BA/MA-Abschlüsse auf breiter Ebene eingeführt,

- neun weitere zumindest in mehreren Projekten und auf nationaler Ebene,

- in vier weiteren Ländern wurden zudem die rechtlichen Voraussetzungen zur Einführung der Studiengänge geschaffen, die nun auf eine Umsetzung warten,

- während sich die Umsetzung bei lediglich fünf Ländern noch in der Vorbereitungs- und Pilotphase befindet und

- nur ein Land noch nicht mit der Vorbereitung zur Einführung der zweigliedrigen Strukturen begonnen hat.

Auch die Studierendenzahlen in den neuen Studiengängen zeigen starke Steigerungen. In über der Hälfte der teilnehmenden Länder studieren mehr als 50 % der Studierenden in zweistufigen Strukturen, während lediglich in einem Viertel der Bologna-Staaten noch weniger als 25 % oder gar keine Studierende in die neuen Studiengängen eingeschrieben sind.

Während die Einführung der BA/MA-Struktur rein zahlenmäßig also als Erfolg bewertet werden kann, bleiben einige offene Fragen über die Sinnhaftigkeit der Reformen mit Blick auf die zentralen Ziele der Bologna-Erklärungen bestehen. Befürchtungen, Absolventen könnten vom Arbeitsmarkt nicht adäquat aufgenommen und somit zu einer Fortsetzung des Studiums bis zum Master-Abschluss gezwungen werden, haben sich zumindest in Deutschland nach ersten Untersuchungen nicht bestätigt und ein überwiegender Teil der ersten Bachelor-Jahrgänge berichtet von positiv Erfahrungen bezüglich der Akzeptanz ihrer Abschlüsse.[269]

---

[268] Vgl. Bologna Process Stocktaking. Report from a working group appointed by the Bologna Follow-up Group to the Conference of European Ministers Responsible for Higher Education, Bergen am 19.-20. Mai 2005, S.33ff.

[269] Vgl. Briedis, Kolja: Der Bachelor als Sprungbrett? Erste Ergebnisse zum Verbleib von Absolventen mit Bachelorabschluss, in: HIS (2005), S.45ff.

Dabei gilt es aber zu beachten, dass diese Absolventen überwiegend Studierende in den vom DAAD geförderten internationalen Reformstudiengängen waren und somit internationale
Komponenten aufweisen können, die sich in den nun gängigen
Bachelor-Abschlüssen nicht mehr finden.[270] Ganz im Gegenteil
lassen sich in vielen neuen Studiengängen des ersten Zyklus bei
der Vermittlung interkultureller Kompetenz Mängel feststellen, da
längere Auslandsstudienaufenthalte nur noch schwer in die
überwiegend dreijährigen Bachelor-Strukturen integriert werden
können. Je nach Land ist die Akzeptanz der neuen Studiengänge
zudem sehr unterschiedlich ausgeprägt. Während beispielsweise in
Großbritannien ein großer Teil der Studierenden nach dem ersten
Regelstudienabschluss einen Beruf aufnimmt und auch
entsprechende Angebote erhält, haben Bachelor-Absolventen in
den nordeuropäischen Ländern auf Grund relativ geringer
Gehaltsunterschiede zwischen Bachelor- und Master-Absolventen
kaum eine Möglichkeit, ohne einen Master-Abschluss adäquate
Beschäftigungsmöglichkeiten zu finden.[271]

Allen Ländern hingegen gemein ist, dass Fortschritte in der
Umsetzung der Bologna-Vorgaben in „staatlichen Fächern" wie
Medizin, Theologie, Rechtswissenschaften, aber auch in der
Lehrerausbildung noch nicht zufrieden- stellend sind.[272] Während
im Fall der Medizin umfassende arbeitsrechtliche Vorgaben auf
europäischer Ebene eine zügige Neustrukturierung erschweren,
fällt es den Staaten gerade im Bereich der Juristerei offensichtlich
schwer, ihren Einfluss auf die Prüfverfahren und Curricula
aufzugeben. Eine Vorbildfunktion ließen die staatliche
Institutionen lange Zeit auch bei der Anerkennung der neuen
Abschlüsse als berufliche Qualifikationen vermissen. In
Deutschland beispielsweise ermöglicht ein akkreditierter Bachelor
in der Zwischenzeit zwar zumindest den Zugang zum gehobenen

---

[270] Im Interview mit Christian Fohrbeck (2005).

[271] Vgl. Vukasovic (2004), ohne pag.; Wagner, Wolf: Ein praxisbezogener
6-semestriger berufsqualifizierender Ingenieur-Bachelor ist möglich!, in:
Die neue Hochschule, Band 46, 2005 (2-3), S.26.

[272] Vgl. Reichert, Sybille; Tauch, Christian: Trends IV: European
Universities Implementing Bologna, Genf 2005, S.18ff.

Dienst, eine Laufbahn im höheren Dienst ist aber auch in Zukunft nur mit einem abgeschlossenen Masterstudium möglich.[273]

Schließlich fallen bei der Umstellung der eingliedrigen Studiengängen häufig Praxiseinheiten wie einsemestrige Praktika zu Gunsten einer Vermittlung weiterer Lehreinheiten weg und gefährden somit das Erreichen des Ziels einer größeren Beschäftigungsfähigkeit.[274]

4.2. *European Credit Transfer and Accumulation System*

Das European Credit Transfer and Accumulation System ist ein System zur Messung und Übertragung von Studienleistungen. Es wurde von der Europäischen Kommission im Rahmen des ERASMUS Programms in einer sechsjährigen Testphase mit 145 Hochschulen innerhalb der Europäischen Union und der Europäischen Wirtschaftsgemeinschaft entwickelt und steht seit 1997 allen interessierten Hochschulen über das SOCRATES Programm zur Verfügung. Obwohl das System primär als Transferinstrument von Studienleistungen im Rahmen eines Auslandsstudiums konzipiert wurde, kann es auch für eine kreditpunktbasierte Akkumulierung von Studienleistungen und somit für die vollständige Erfassung von akademischen Leistungen im Rahmen eines Studiums genutzt werden.[275] Es ersetzte damit bereits im Vorfeld von Bologna in einigen Studiengängen teilnehmender Hochschulen die traditionellen nationalen Erfassungsmethoden.

Beim ECTS handelt es sich um ein workload-basiertes System, in dem den einzelnen Credits eine gewisse Arbeitsbelastung (work

---

[273] Vgl. Laufbahnrechtliche Zuordnung von Bachelor-/Bakkalaureus- und Master-/Magisterabschlüssen gem. § 19 HRG, Beschluss der Kultusministerkonferenz vom 14.04.2000, S.2.

[274] Vgl. Wagner, Wolf: Wettbewerb oder Chaos? Bachelor-Studiengänge an Fachhochschulen im Sommer 2002, in: Die neue Hochschule, Band 44, 2003 (1), S.8-10.

[275] Vgl. Tovar, Edmundo: Analysing the Problems of the Implementation of the European Credit Transfer System in a Technical University, 34th ASEE/IEEE Frontiers in Education Conference, Savannah am 20.-23. Oktober 2004, S.2f.

load) zugeordnet wird.[276] In Europa liegt diese zwischen 25 und 30 Stunden pro Credit und mit der Konvention, dass pro Studienjahr 60 Credits erworben werden sollen, entspricht die durchschnittliche Arbeitsbelastung eines Studierenden im Bologna-System zwischen 750 und 900 Stunden pro Semester.[277] Erfasst werden dabei nicht nur die Präsenzzeiten der Studierenden, sondern auch die Lernphase für Prüfungen, die Vor- und Nachbereitungszeiten der Lehrveranstaltungen und der Zeitaufwand für das Anfertigen von Studien- und Abschlussarbeiten. Der Erwerb von Credits ist dabei an eine erfolgreiche Abprüfung des erlernten Stoffs gebunden, Studierende sammeln so laufend Leistungspunkte an, ohne zwangsweise eine zentrale Abschlussprüfung leisten zu müssen.

Das ECTS erfordert drei wesentliche Dokumente, die eine erfolgreiche Anwendung des Systems als Transfer- und Akkumulationsmethode ermöglichen: Einen Kurskatalog, ein Lernabkommen und ein Kursprotokoll. Beim Kurskatalog handelt es sich um ein zweisprachiges Äquivalent zum deutschen (kommentierten) Vorlesungsverzeichnis, das um Informationen für ausländische Studierende, zum Studium und zur Hochschule ergänzt wird (z.B. zu Studienstrukturen, Abschlüssen und Prüfungen aber auch Unterkünften, Sprachkursen, Versicherungen oder möglichen Freizeitaktivitäten). Das Lernabkommen wird besonders bei einem Austausch zwischen zwei Hochschulen benötigt und definiert schon im Vorfeld des Hochschulwechsels, welche Kurse im Zeitraum des Austausches besucht und welche Leistungen erbracht werden müssen.[278] Auf nationaler Ebene kann es damit teilweise Prüfungsordnungen ersetzen bzw. ergänzen und ist zudem unverzichtbar, wenn ein Kredittransfer zwischen Hochschulen stattfinden soll. Das dritte Element, das Kursprotokoll, stellt eine Auflistung der verschiedenen Studienleistungen eines Studierenden inklusive der erworbenen

[276] Vgl. Europäische Kommission: Europäisches System zur Übertragung und Akkumulierung von Studienleistungen (ECTS). Kernpunkte, Luxemburg 2004, S.4.
[277] Vgl. Hannemann, Dieter: ECTS und WorkLoad. Zeitbemessung in Studiengängen, in: Die Neue Hochschule, Band 44, 2003 (6), S.21.
[278] Vgl. Directorate-General for Education and Culture: ECTS User' Guide. European Credit Transfer and Accumulation System and the Diploma Supplement, Brüssel 2005, S.19ff.

Noten und Credits dar, es kann so mit einem erweiterten Studienbuch vergleichen werden.

In die Bologna-Erklärung fand das ECTS durch die Forderungen nach der „Einführung eines Leistungspunktesystems (…) ähnlich dem ECTS"[279] Eingang. Während damit zumindest theoretisch auch alternative Systeme denkbar gewesen wären, hatte sich das ECTS in der praktischen Anwendung bereits als so erfolgreich und leistungsfähig erwiesen, dass sich Vertreter der Hochschulen, Ministerien und Studierenden im Jahr 2002 darauf verständigten, dieses als Referenzsystem im Rahmen des Bologna-Prozesses einzuführen.[280] In Deutschland waren die Grundlagen hierfür bereits mit der 4.HRG-Novelle 1998 geschaffen worden, indem Paragraf 15, Absatz 3 formulierte: „Zum Nachweis von Studien- und Prüfungsleistungen soll ein Leistungspunktsystem geschaffen werden, das auch die Übertragung erbrachter Leistungen auf andere Studiengänge derselben oder einer anderen Hochschule ermöglicht."

Während die Umrechnung der Studienzeiten in das neue System verhältnismäßig geringe Probleme bereitet, hat das System schon innerhalb des ERASMUS-Programms Defizite bei der qualitativen Umsetzung in heimische Bewertungssysteme offenbart, also bei der Zuordnung von Noten.[281] Zum einen sind die verwendeten Notenskalen in den europäischen Staaten unterschiedlich breit, zum anderen differieren die Verteilungen über die einzelnen Notenskalen erheblich. Während beispielsweise in deutschen Hochschulen eine eher symmetrische Verteilung von Abschlussnoten festzustellen ist, ergeben sich in anderen Ländern Modalwerte, die deutlich über oder unter dem mittleren Skalenwert angesiedelt sind.[282] Dieses Problem hat man zumindest teilweise durch die Einführung einer neuen Notenstruktur zu lösen versucht: Die Bewertung der Leistung von Studierenden wird weiterhin durch eine lokale Note anhand der nationalen Notenskala dokumentiert, zusätzlich jedoch durch allgemein vergleichbare Noten (ECTS-Noten) ergänzt. Hierbei sind statistische Werte

---

[279] Bologna-Deklaration (1999), ohne pag.
[280] Vgl. European University Association: Credit Transfer and Accumulation – the Challenge for Institutions and Students. Conclusions and Recommendations for Action, Zürich am 11.-12. Oktober 2002, S.3.
[281] Vgl. Europäische Kommission (2004), S.5; Bektchieva (1994), S.59.
[282] Vgl. Hochschulrektorenkonferenz (1993), S.44.

entscheidend, auf deren Basis die ECTS-Noten für eine bestandene
Prüfung nach folgendem Schlüssel verteilt werden:

- Die besten 10 % erhalten ein A,

- die nächsten 25 % ein B,

- die nächsten 30 % ein C,

- die nächsten 25 % ein D und

- die schlechtesten 10% ein E.

Bei Nichtbestehen der Prüfung werden die Noten FX (Nicht
bestanden – es sind Verbesserungen erforderlich) oder F (= Nicht
bestanden – es sind erhebliche Verbesserungen erforderlich)
vergeben. Mit einem Wechsel ins Ausland sollen durch dieses
Verfahren Angaben zu nationalen Notenskalen oder die Auflistung
von Mittel- und Modalwerten zur Übertragung ins Notenschema
des Ziellandes überflüssig werden.[283] Diesem ehrgeizigen
Anspruch kann das ECTS bisher noch nicht gerecht werden, denn
selbst auf nationaler Ebene bestehen noch große Unterschiede in
der Anwendung des ECTS, z.B. in der Zuordnung von
Kreditpunkten zu Kursen oder in der Vergabe von Noten nach dem
neuen Notenschema.[284] Anzumerken bleibt hier jedoch, dass
Unterschiede in der Notengebung und in der Nutzung von
Notenskalen bereits vor der Einführung des Kreditpunktesystems
bestanden. Ob man dem ECTS diese „übernommenen" Mängel
jetzt anlasten sollte, darf also zumindest bezweifelt werden.

Bis 2005 ist das ECTS in 20 der Bologna-Staaten für eine
Mehrzahl der Studienprogramme eingeführt worden, weitere 12
Länder verwenden das System bereits zumindest in einigen
Programmen. In neun Ländern existieren entweder nationale
Kreditpunktesysteme, die mit dem ECTS kompatibel sind oder
diese werden aktuell in das ECTS integriert. Lediglich zwei
Staaten verfügen noch über kein kompatibles System und planen,
das ECTS erst in Zukunft einzuführen. Ein Trend zur Umstellung

---

[283] Vgl. Hochschulrektorenkonferenz (2005), S.126.

[284] Vgl. Karran, Terence: Achieving Bologna convergence: is ECTS
failing to make the grade? in: Higher Education in Europe, Volume 29,
2003 (3), S.414ff.

der traditionellen Allokationsmodelle auf die europäische Lösung im Bologna-Prozess ist somit eindeutig festzustellen.[285]

4.3. *Qualitätssicherungsrahmen und Akkreditierung*

Aussagen zur Qualitätssicherung finden sich in genereller Form bereits in der Bologna-Deklaration und dem Prager Kommuniqué. In den entsprechenden Passagen heißt es, dass die Minister eine „Förderung der europäischen Zusammenarbeit bei der Qualitätssicherung im Hinblick auf die Erarbeitung vergleichbarer Kriterien und Methoden"[286] anstreben und von den Universitäten und Hochschuleinrichtungen ihrer Länder dafür die Erarbeitung von „Szenarien für die gegenseitige Anerkennung von Mechanismen zur Evaluierung, Akkreditierung und Zertifikation"[287] fordern. Im Berlin Kommuniqué wurden dann konkretere Pläne zur Schaffung nationaler Qualitätssicherungssysteme verankert, die bis 2005 folgendes leisten sollen:[288]

- Eine Festlegung der Zuständigkeiten der beteiligten Instanzen und Institutionen im Qualitätssicherungsprozess,

- die Einführung einer Evaluierung von Programmen oder Institutionen einschließlich interner Bewertungen, externer Beurteilungen, einer Beteiligung der Studierenden und einer Veröffentlichung der Ergebnisse,

- die Schaffung eines System der Akkreditierung, der Zertifizierung oder ähnlicher Verfahren zur Zulassung von Studiengängen sowie

- eine Beteiligung an internationalen Systemen sowie Kooperation und Vernetzung der Systeme.

Die Minister griffen damit Inhalte auf, die bereits Bestandteil der hochschulpolitischen Programme der Europäischen Union waren. Diese hatte bereits 1994 ein europäisches Pilotprojekt zum Austausch von Erfahrungen im Bereich der Qualitätssicherung initiiert und im September 1998 hatte der Europäische Rat eine „Empfehlung betreffend die europäische Zusammenarbeit zur

---

[285] Vgl. Bologna Process Stocktaking (2005), S.38.
[286] Bologna-Deklaration (1999), ohne pag.
[287] Prag Kommuniqué (2001), S.4.
[288] Vgl. Berlin Kommuniqué (2003), S.3.

Qualitätssicherung in der Hochschulbildung"[289] ausgesprochen.[290] Sie rief die Mitgliedstaaten dazu auf:[291]

- transparente Qualitätsbewertungssysteme zu fördern,

- den Erfahrungsaustausch auf die Zusammenarbeit mit den anderen Mitgliedstaaten auf dem Gebiet der Qualitätsbewertung besonders zu pflegen und

- die Zusammenarbeit zwischen den für die Qualitätsbewertung und Stabilitätssicherung im Hochschulbereich zuständigen Stellen und deren Vernetzung zu fördern.

Auf Basis dieser Empfehlung wurde im Jahr 2000 das im Rahmen dieser Arbeit bereits untersuchte Europäische Netzwerk zur Qualitätssicherung im Hochschulbereich (ENQA) eingerichtet, das in mehreren Studien vorhandene Qualitätssicherungssysteme in Europa analysierte und Handlungsempfehlungen zum Aufbau nationaler Systeme formulierte. ENQA war es auch, das von den Ministern der Berlin-Konferenz dazu aufgerufen wurde, „ein vereinbartes System von Normen, Verfahren und Richtlinien zur Qualitätssicherung zu entwickeln, Möglichkeiten zur Gewährleistung eines geeigneten Begutachtungsprozesses (peer review) für Agenturen und Einrichtungen zur Qualitätssicherung und/oder Akkreditierung zu prüfen und durch die Follow-up-Gruppe den Ministerinnen und Ministern bis 2005 darüber Bericht zu erstatten."[292]

Unterstützung erhielt das Netzwerk dabei von der EUA, EURASHE, ESIB und einer informellen Arbeitsgruppe zur Qualitätssicherung, der Joint Quality Initiative. Letztere, aus Mitgliedern der für Fragen der Qualitätssicherung verant-

---

[289] 98/561/EG, ohne pag.

[290] Vgl. Thune, Christian; Hämäläiner, Kimo: ENQA and the Future European Quality Assurance Framework, in: QA Issues, Issue 23, 2003 (2), S.42ff.

[291] Vgl. Friedrich, Hans Rainer: Nationale und internationale Grundlagen der Qualitätssicherung an Hochschulen, in: Benz; Kohler; Landfried (2004), Abschnitt A 2.1, S.12.

[292] Berlin Kommuniqué (2003), S.4.

wortlichen Institutionen zwölf europäischer Länder bestehende
Gruppe, hatte sich im September 2001 zusammengefunden, um:[293]

- Die Akkreditierung neuer Bachelor- und Masterprogramme
  auf Basis grenzüberschreitender Qualitätssicherungssysteme
  zu fördern,

- den Austausch von Informationen und Erfahrungen bei der
  Entwicklung von Standards für die neuen Studiengänge
  voranzutreiben,

- länderübergreifender Benchmark-Tests zu entwickeln und

- nationale Akkreditierungsmethoden und –konzepte zu
  vergleichen.

In den folgenden Jahren entwickelten alle Akteure rege Aktivitäten
in der Entwicklung von Konzepten und Deskriptoren für nationale
und europäische Qualitätssicherungssysteme.[294] Für die Arbeit von
ENQA waren dabei vor allem der „Code of Good Practice" des
European Consortium for Accreditation (ECA), sowie Positionspapiere der ESIB, der EUA und der EURASHE von Relevanz.[295]

Die von ENQA entwickelten „Standards und Richtlinien zur
Qualitätssicherung im Europäischen Hochschulraum" (Standards
and Guidelindes for Quality Assurance in the European Higher
Education Area) sind von der Ministerkonferenz in Bergen 2005
angenommen worden. Sie umfassen Empfehlungen für die
Entwicklungen von Qualitätssicherungssystemen sowohl innerhalb
der Hochschulen als auch auf nationaler Ebene. Darüber hinaus
wurde für den europäischen Raum ein gemeinsames Register
entwickelt, das als Kontrollsystem für im internationalen Umfeld

---

[293] Vgl. Joint Quality Initative: Internationalisation of quality assurance
and accreditation. Workshop, Maastricht am 24.-25. September 2001,
ohne pag.

[294] Vgl. Working on the European Dimension of Quality. Report of the
international conference, Amsterdam am 12.-13.März 2002, ohne pag.;
Ministry of Science, Technology and Innovation (2005), S.13ff.

[295] Vgl. European Association for Quality Assurance in Higher Education:
Standards and Guidelines for Quality Assurance in the European Higher
Education Area, Helsinki 2005, S.12.

tätige Qualitätssicherungsagenturen dienen soll.[296] Im Vordergrund steht bei allen drei Strategien, dass die Implementierung und Entwicklung konkreter Instrumente der nationalen Ebene überlassen wird und man somit den Ansprüchen der Graz-Deklaration der EUA vom Juli 2003 gerecht werden will, die gefordert hatte, „gegenseitiges Vertrauen zu fördern und die Transparenz der Systeme zu verbessern, gleichzeitig aber die Vielfalt der nationalen Systeme und Konzepte zu respektieren."[297]

Für die interne Qualitätssicherung sehen die Richtlinien der ENQA vor, dass Hochschulen Regeln und Instrumente für die folgenden sieben Bereichen entwickeln sollen:[298]

- für Grundsätze und Methoden zur Qualitätssicherung,

- zur Zulassung und laufende Qualitätskontrolle von Studiengängen und Abschlüssen,

- für Aufnahmeverfahren für Studierende,

- für die Evaluation von Lehre und Lehrkörper,

- zur Entwicklung von Lernmaterial und Beratungen sowie

- zur Bereitstellung von Informationen zu Lehre und Studium.

Die außerhalb der Hochschulen angesiedelte (externe) Qualitäts-sicherung soll acht Aspekte beinhalten:

- bereits bestehende interne Qualitätssicherungsmodelle sollen genutzt werden,

- externe Modelle entwickelt werden,

- formale Entscheidungen auf nachprüfbaren und öffentlich zugänglichen Kriterien basieren,

- Verfahren zielgerichtet konzipiert werden,

---

[296] Vgl. Schade, Angelika: Quality assurance and accreditation: confidence-building or multiplication of national, European and global agencies?, in: Muche (2005), S.32f.
[297] European University Association: Graz Declaration 2003. Forward from Berlin: the Role of the Universities, Graz am 4. Juli 2003, S.9 (P.E. "to promote mutual trust and improve transparency while respecting the diversity of national contexts and subject areas.").
[298] Vgl. hierzu und folgendes: European University Association (2005), S.15ff.

- Reports und Berichte verständlich und durchschaubar sein,

- Qualitätssicherung durch fortlaufenden Prozesse verstetigt werden,

- die Verfahren regelmäßig wiederholt und schließlich

- von Zeit zu Zeit Erfahrungen der Agenturen in Zusammenfassungen publiziert werden.

Auch für Qualitätssicherungsagenturen sieht der ENQA-Bericht Standards auf Basis der bereits erwähnten Empfehlungen der Europäischen Union von 1998 vor. Sie sollen dazu dienen, die Glaubwürdigkeit der Qualitätssicherungsagenturen zu sichern und Institutionen der höheren Bildung die Entscheidung bei der Wahl einer Agentur dank transparenter und vergleichbarer Strukturen zu erleichtern. Agenturen sollen hierfür:

- in ihrer Arbeit die in den Richtlinien zur externen Qualitätssicherung festgelegten Grundlagen berücksichtigen,

- ein formales und juristisch eindeutiges Anerkennungsverfahren auf nationaler Ebene durchlaufen,

- ihre Arbeit routine- und regelmäßig betreiben,

- mit angemessenen finanziellen wie personellen Ressourcen ausgestattet sein,

- über klare Zielvorgaben und Arbeitsmethoden verfügen, die auch nach außen kommuniziert werden,

- eigenständig in dem Sinne sein, dass dritte Parteien wie Ministerien oder Hochschulen ihre Arbeit nicht beeinflussen können und schließlich

- ihre eigene Qualität und ihre Solidität durch entsprechende Instrumente verdeutlichen.

Darüber hinaus sollen die Agenturen auf nationaler Ebene periodisch durch Selbstevaluation, ein unabhängiges Experten-gremium und in Form eines veröffentlichten Berichts überprüft und akkreditiert werden.

Schließlich sehen die Richtlinien in der Einrichtung eines Europäischen Registers ein zusätzliches Element der Qualitäts-sicherung, das eine Übersicht über alle von den Bologna-Staaten anerkannten Qualitätssicherungsagenturen bietet und bei deren

Aufnahme ins Register von einem Komitee überprüft wird, ob sie die ENQA-Standards einhalten. Die im Vorfeld des Reports geäußerten Pläne, dass im Register geführte Agenturen in ganz Europa Akkreditierungen auf nationaler Ebene durchführen dürfen, wurde indes nach Widerstand mehrerer Staaten nicht in die Richtlinien aufgenommen.[299]

Lange Zeit wurde Qualitätssicherung in vielen Staaten und vor allem in Deutschland fast ausschließlich unter dem Aspekt der Akkreditierung von Studiengängen gesehen.[300] Umso erstaunlicher ist es, dass in der Einführung von Qualitätssicherungssystemen erhebliche Fortschritte zu beachten sind. 28 Staaten weisen hier exzellente oder sehr gute Entwicklungen auf. Gleichzeitig zeigt der Stock Taking Report aber auch, dass die Umsetzung der Vorgaben aus den ENQA-Richtlinien stark unterschiedlich ausgeprägt ist, denn immerhin noch acht Staaten weisen Qualitätssicherungssysteme auf, die sich maximal im Anfangsstadium der Entwicklung befinden. Eine wesentliche Schwachstelle bildet zudem die vorgesehene Beteiligung von Studierenden, über 60 % der Bologna-Staaten binden diese nur unzureichend in den Qualitätssicherungsprozess ein.[301]

4.4. *Zur hohen Dynamik im Bologna-Prozess*

Trotz der beschriebenen Mängel in einzelnen Reformbereichen schreiten die Umsetzung der Vorgaben des Bologna-Prozesses und die Weiterentwicklung der Prozessziele mit hoher Geschwindigkeit voran.[302] Diese Entwicklung ergab sich indes keineswegs zwangsläufig, vielmehr hat nicht nur das Vorgehen der Bildungsminister in Paris 1998, sondern auch die Dynamik im daraus folgenden Reformprozess die auf nationaler Ebene beteiligten Personen und Institutionen gleichermaßen überrascht.[303] War anfangs „noch nicht zu erkennen, ob und welche Wirkung die

---

[299] Im Interview mit Andrea Frank (2005).

[300] Vgl. Scheele, Ko: Accreditation, a National or an European Challenge, in: QA Issues (2003), S.13.

[301] Vgl. Bologna Process Stocktaking (2005), S.27ff.

[302] Vgl. Sedgwick, Robert: The Bologna Process: How it is Changing the Face of Higher Education in Europe, in: World Education News and Reviews, Volume 14, 2001 (2), ohne pag.

[303] Im Interview mit Roland Thierfelder (2005); Birgit Galler (2005); Birger Hendriks (2005).

Sorbonne-Erklärung entfalten könnte, es handelte sich [schließlich] lediglich um eine unverbindliche Aussage, nicht um ein rechtliches Dokument"[304] und war „die erste Phase [noch] geprägt von dem Versuch, organisatorische Strukturen zu schaffen"[305], ließ sich spätestens seit dem Ministertreffen in Berlin ein seitdem stetig wachsender praktischer und unmittelbarer Einfluss der Entwicklungen auf die Reformpolitik der einzelnen Staaten und auf die Hochschulen beobachten. Das in der Literatur als „überraschend und paradox [bezeichnete] Phänomen der Dynamik des Bologna-Prozesses"[306] lässt sich dabei zumindest ansatzweise durch mehrere ineinander greifende Faktoren und Entwicklungen erklären.

Durch die Festschreibung der Durchführung weiterer Konferenzen und der Gründung einer Follow-Up Group hatten die Unterzeichnerstaaten der Bologna-Erklärung bereits 1999 versucht, eine handlungsfähige Struktur für die Weiterentwicklung der Prozessziele zwischen den Ministertreffen zu schaffen. Die Aktivitäten der Gruppe bis zum Treffen in Prag waren aber noch primär punktueller Natur, erst im Umfeld der Berlin-Konferenz hat die Arbeit der BFUG dann eine deutliche Professionalisierung erfahren, die ihren Niederschlag auch in der Einrichtung eines ständigen Sekretariats durch das Gastgeberland der nächsten Ministerkonferenz fand. Durch dieses wird eine Kontinuität der Arbeit auf internationaler Ebene gewährleistet und die Koordination von Veranstaltungen und Seminaren erleichtert. Mit dem gleichzeitigen Einbinden relevanter Stellen auf nationaler und internationaler Ebene ist es zudem gelungen, Interessenvertreter aller beteiligten Gruppen wie Hochschulen, Interessenverbände und Studierende an den Reformen zu beteiligen und somit eine erhöhte Legitimation zu gewinnen. Sie erhält durch den internationalen Charakter der Reformen, der eine (faktisch nicht vorhandene) höhere Verbindlichkeit suggerierte, ein zusätzliches Gewicht. Dadurch, dass die Reformen räumlich dezentral und unabhängig voneinander implementiert werden, kann der Prozess

---

[304] Im Interview mit Roland Thierfelder (2005).
[305] Im Interview mit Birger Hendriks (2005).
[306] Kladis, Dionyssis: The Bologna Process. From commitments to implementation, Conference Contribution, Ljubljana am 28.–29. Mai 2004, ohne pag.

zudem selbst dann voranschreiten, wenn Akteure den Forderungen der Ministertreffen nicht nachkommen und die Umsetzung der Reformen in einzelnen Ländern stockt. Durch die Einführung des „Stock Taking" auf der Konferenz in Berlin geraten gerade solche Mitgliedstaaten nun doch unter einen gewissen Zugzwang, denn durch die Aufstellung internationaler Vergleichsdaten droht bei einem weiteren Zurückfallen in den Reformen ein erheblicher Gesichtsverlust gegenüber erfolgreicher Bologna-Staaten.

Als noch wichtiger als ein äußerer Druck, sei es nun durch Strukturen oder Abkommen, haben sich jedoch interne Notwendigkeiten als treibende Kräfte in der Umsetzung des Bologna-Prozesses erwiesen. Wie bereits in Kapital 3.1 beschrieben, standen die Hochschulsektoren der meisten europäischen Staaten unter erheblichem Reformdruck und der Bologna-Prozess „traf in vielen Ländern auf interne Notwendigkeiten und auf ein positives Reformklima."[307] Der wesentliche Grund dafür, so Andrea Frank, Leiterin des Kompetenzzentrums Bologna bei der Hochschulrektorenkonferenz, dass „der Bologna-Prozess in Deutschland eine solche Dynamik gewonnen hat ist, weil sich dieser externe Impuls mit nationalen Zielen deckte."[308] Gerade Befürworter der Reformen auf nationaler wie europäischer Ebene konnten nun die politischen Willensbekundungen nutzen, um progressive Positionen und Konzepte in die Entscheidungsgremien einzubringen und eventuelle Blockaden mit einem Verweis auf die europäischen Beschlüsse zu überwinden. Gleichzeitig griff der Prozess vielfach bereits bestehende Konzepte und Lösungen auf, von den erfolgreichen Mobilitätsprogrammen der Europäischen Union über erprobte Instrumente in der Mobilitätsförderung (z.B. dem ECTS) bis hin zur Einführung zweistufiger Studiengänge, die beispielsweise in Deutschland schon vor der Bologna-Erklärung durch die 4. Änderung des Hochschulrahmengesetz im Jahr 1998 ermöglicht worden war. Er entwickelte somit keine eigenen Ideen, die erst mühsam im Bewusstsein der Verantwortlichen hätten verankert werden müssen, sondern schuf aus den verschiedenen Ansätzen „eine Art Gesamtkonzept (...), das mehr darstellt als die Summe seiner Teile."[309]

---

[307] Im Interview mit Roland Thierfelder (2005).
[308] Im Interview mit Andrea Frank (2005).
[309] Im Interview mit Birger Hendriks (2005).

5. Harmonisierung oder Konvergenz: Wohin steuert Bologna?

Wie die vorhergehenden Kapitel gezeigt haben, sind sechs Jahre nach der Verabschiedung der Bologna-Erklärung große Fortschritte in den zentralen Bereichen der eingeleiteten Reformen festzustellen. Viele der ursprünglichen Ziele wurden in diesem Zeitraum erweitert, neue Themen eingebracht und die Erfahrungen aus der praktischen Umsetzung der Konzepte in Handlungs-anweisungen, Richtlinien und Gesetzesvorlagen verankert. Obwohl dem Prozess bis zu seiner Vollendung noch weitere fünf Jahre bevor stehen, kann man somit schon heute die Frage stellen, in welche Richtung sich die Reformen entwickeln und ob Bologna sein in Paris formuliertes ursprüngliches Ziel einer „Harmonisierung der Architektur der europäischen Hochschul-bildung" erreichen wird bzw. ob dieses Ziel in seiner vollen Bedeutung überhaupt (noch) von den beteiligten Staaten angestrebt wird.

Verglichen mit früheren Dokumenten hatte sich schon die Bologna-Erklärung bei der Formulierung ihrer Ziele einer deutlich zurückhaltenderen und vorsichtigeren Sprache bedient. Der Begriff der „Harmonisierung" war so dem Ziel einer „größere[n] Kompatibilität und Vergleichbarkeit der Hochschulsysteme"[310] gewichen und trug damit den Widerständen und Bedenken vieler europäischer Staaten bei den Verhandlungen zur Deklaration Rechnung.[311] Er war auch „insofern unglücklich [gewählt gewesen], als dass er lange Zeit die Bemühungen der Europäischen Union um Gleichschaltung im Bildungsbereich bezeichnet hatte und deshalb von den Mitgliedstaaten der EU abgelehnt wurde."[312] Nichtsdestotrotz stellte die Erklärung von 1999 schon dadurch eine „Sensation" dar, als dass sie von einer radikalen Neubewertung der beteiligten Bildungsminister darüber zeugte, welcher Grad an Konvergenz und Diversität für die europäischen Bildungssysteme erstrebenswert sei.[313] Auch der obligatorische Hinweis auf die „Achtung der Vielfalt der Kulturen, der Sprachen, der nationalen Bildungssysteme und der Autonomie

---

[310] Bologna-Deklaration (1999), ohne pag.
[311] Im Interview mit Hans R. Friedrich (2005).
[312] Im Interview mit Roland Thierfelder (2005).
[313] Vgl. Wächter (2004), S.267f.

der Universitäten"[314] konnte diesen Eindruck nicht trüben und wurde überwiegend nur als Zugeständnis an die wenigen Vertreter einer eher konservativen Zusammenarbeit in der europäischen Hochschulbildungspolitik betrachtet.

Eine höhere Vergleichbarkeit sollte vor allem durch die bereits näher untersuchte Einführung eines zweistufigen Studiensystems in allen am Prozess beteiligen Staaten erreicht werden, während viele andere Aspekte der Reformen wie ein europäischer Qualifikationsrahmen oder gemeinsame Standards in der Qualitätssicherung erst aus den Erfahrungen aus und Diskussionen um diese Thematik erwuchsen. Dass in den Deklarationen detaillierte Vorgaben für das Erreichen einer höheren Kompatibilität fehlten, stellte für die Entwicklung der neuen Studienstrukturen dabei anfangs eine große Herausforderung dar.[315] Erst durch die Konkretisierung der Strukturen im Rahmen der Bologna-Seminare wurden hier erste Fortschritte erreicht. Doch während eine höhere Vergleichbarkeit von Abschlüssen von allen Beteiligten als durchaus erstrebenswert angesehen wird, scheinen die Bewertungen der bereits erreichten Fortschritte und der auf lange Sicht realisierbaren Lösungen erheblich zu divergieren.

Trotz der Vereinbarungen der Bologna-Seminare und der Vorgaben der nationalen Gesetzgeber lassen sich auch im sechsten Jahr nach Bologna keine europaweit einheitlichen Studien-strukturen in den neu konzipierten BA/MA-Studiengängen feststellen. Während sich zwar ein „3+2 System", also ein kurzes Bachelor-Studium mit einem anschließenden zweijährigen Master, als dominantes Modell herauszukristallisieren beginnt, bestehen weiterhin andere Lösungen (z.b. mit einer „4+1 Struktur" oder „integrierten Masterstudiengängen"), die eine automatische Fortsetzung des Studiums bis zum Master vorsehen.[316] Man kann somit nicht von identischen Strukturen im europäischen Hochschulraum sprechen, sondern lediglich von einer Reihe von Lösungen innerhalb eines gewissen Toleranzrahmens. Hierdurch werden eine direkte Vergleichbarkeit von Studiengängen und somit auch eine Konvertibilität von Abschlüssen im gesamten

---

[314] Bologna-Deklaration (1999), ohne pag.
[315] Vgl. Reichert; Tauch (2005), S.12.
[316] Vgl. ebd., S.15f.

Bologna-Raum erheblich erschwert. Umstritten ist daher nicht nur in den Hochschulen, ob das Ziel einer hohen Vergleichbarkeit und eine erleichterte Anerkennung von Studienleistungen durch eine reine Neustrukturierung des Studiums mit der Einführung neuer Abschlüsse erreicht werden kann (und in dieser Form uneingeschränkt erstrebenswert wäre).[317] Selbst die Bildungsminister scheinen Zweifel daran zu haben, dass die bestehenden Instrumente ausreichend sind. Die Einführung eines „übergreifenden Qualifikationsrahmens" in die Deklarationen von Berlin und Bergen, der wiederholte Ruf nach einer Ratifizierung und Umsetzung der Lissabon-Konvention durch alle Bologna-Staaten, die Weiterentwicklung des Diploma Supplement und die Forderung nach einer Auseinandersetzung mit den von ENIC/NARIC identifizierten Problemen bei der Anerkennung ausländischer Qualifikationen machen im Gegenteil deutlich, dass die forcierte, weit reichende gegenseitige Anerkennung nach wie vor Mängel aufweist und deshalb nach weiteren „Konvergenzinstrumenten zur Vergleichbarkeit und zur Schaffung von Transparenz zwischen den sehr verschiedenen Abschlüssen und Qualifikationen"[318] gesucht wird. Der Bologna-Prozess zielt somit immer stärker darauf ab, lediglich eine funktionelle Konvertibilität zu verankern und nicht mehr eine einheitliche Struktur der europäischen Hochschulbildungssysteme schaffen zu wollen.[319]

Ähnlich äußern sich auch die interviewten und auf deutscher Seite in den Bologna-Prozess involvierten Experten. Laut Roland Thierfelder, Leiter der Hochschulabteilung im Sekretariat der Kultusministerkonferenz (KMK), hatte der Bologna-Prozess von Beginn an „keine Harmonisierung als Ziel, sondern die Entwicklung von Netzwerkstrukturen, über die eine Angleichung von Studienstrukturen ohne Aufgabe der nationalen Identitäten möglich war (…)."[320] Auch Birgit Galler vom Bundesministerium für Bildung und Forschung (BMBF) formuliert: „Es kann nur um

---

[317] Vgl. Barkholt, Kasper: The Bologna Process and Integration Theory: Convergence and Autonomy, in: Higher Education in Europe, Volume 30, 2005 (1), S.27.

[318] Wächter (2004), S.270 (P.E. "'convertibility' instrument to compare and create transparency between very different degrees and qualifications").

[319] Im Interview mit Birgit Galler (2005).

[320] Im Interview mit Roland Thierfelder (2005).

Vergleichbarkeit gehen, nicht um Harmonisierung, die Europa seiner Vielfalt berauben würde."[321] Hans Rainer Friedrich, ehemaliger Leiter der Abteilung Hochschulen im BMBF und bereits seit Sorbonne an der Entwicklung des Bologna-Prozesses beteiligt, stellt ebenfalls fest: „Die Zielsetzung in Sorbonne und Bologna war (…) im Ganzen keine Harmonisierung (…) sondern (…) eine Vergleichbarkeit in den Grundstrukturen"[322]. Andrea Frank vom Kompetenzzentrum Bologna der Hochschulrektoren-konferenz ergänzt hierzu, dass „Harmonisierung als Vereinheitlichung (…) nicht das Ziel des Bologna-Prozesses sein [kann]."[323] Man wolle im Gegenteil nationale Traditionen aufrechterhalten und deshalb sei „ein Wechsel weg von Harmonisierung und hin zur Kompatibilität akzeptabler für viele Akteure."[324]

Selbst ob eine Kompatibilität im vorgesehenen Zeitraum erreicht werden kann, ist jedoch umstritten. So bewertet Senatsrat Thierfelder den Europäischen Hochschulraum „mehr [als] eine Vision als dass er deutliche Konturen hätte und auch bis 2010 (…) [werde] sich hieran wenig ändern."[325] Er sieht die Zeitmarke 2010 auch „nur als politische Zielsetzung an, in der zumindest die Grobstrukturen so weit sein sollen, dass (…) überall gestufte Studiengänge (…) und Qualitätssicherungssysteme etabliert"[326] seien. Birger Hendriks vom Kultusministerium des Landes Schleswig-Holstein, der die Bundesländer im Bologna-Prozess vertritt, ist sich ebenfalls sicher, dass „wir (…) auch im Jahr 2010 keine einheitliche Struktur in ganz Europa haben [werden]."[327] Letztlich sei dies aber auch gar nicht nötig, ja nicht einmal erstrebenswert, denn eine Angleichung der Studiengänge über Strukturen hinaus werde von allen beteiligten Akteuren abgelehnt.

Bleibt also die Frage, welches System abseits der bloßen Willensbekundungen in den Deklarationen der Ministertreffen am Ende der Reformen stehen wird. Am wahrscheinlichsten erscheint dabei ein „vergleichbares, an der Harmonisierungsgrenze

---

[321] Im Interview mit Birgit Galler (2005).
[322] Im Interview mit Hans R. Friedrich (2005).
[323] Im Interview mit Andrea Frank (2005).
[324] Ebd., aaO.
[325] Im Interview mit Roland Thierfelder (2005).
[326] Ebd., aaO.
[327] Im Interview mit Birger Hendriks (2005).

stehendes System"[328], in dem vor allem individuelle Entscheidungsprozesse in der Anerkennung von Qualifikationen durch einen automatischen Prozess in Folge der Umsetzung des Europäischen Qualifikationsrahmens, nationaler Qualitätssicherungssysteme und der Lissabon-Konvention abgelöst werden.[329] In ihm sollen einerseits die verschiedenen Instrumente des Bologna-Prozesses wie das Diploma Supplement und das ECTS als Deskriptoren erworbener Qualifikationen greifen und andererseits ein einheitlicher Hochschulraum mit vergleichbaren Studienstrukturen sowohl innerhalb als auch außerhalb Europas erkennbar sein. Zu einer „echten Harmonisierung" mit einer Angleichung von Curricula, strikten Strukturvorgaben oder gar einer gemeinsamen Unterrichtssprache wird es hingegen trotz entsprechender Befürchtungen durch das verstärkte Engagement der Europäischen Union wohl nicht kommen.[330] Zu groß sind hier die Widerstände der Nationalstaaten und auch die dem Prozess immanenten Elemente einer größeren Autonomie der Hochschulen und Diversität der universitären Lehre.[331]

Nichtsdestotrotz ist auch ein Erfolg Bolognas in der skizzierten Form noch nicht garantiert. Er wird vor allem davon abhängen, ob die aktuellen Probleme in der praktischen Umsetzung der Reformen gelöst werden können und ob sich alle Staaten auch in den nächsten Jahren den Zielen des Prozesses verpflichtet fühlen werden. Die positiven Worte des Stock Taking Reports von Bergen können nicht über die großen Unterschiede in den Fortschritten und die damit entstehende Gefahr eines „Bologna der zwei Geschwindigkeiten" hinwegtäuschen. Auch bleibt bislang ungeklärt, wie ein Europäischer Hochschulraum klare Konturen entwickeln soll, der mit 45 Mitgliedstaaten weit über die Grenzen Europas hinausragt. Schließlich gilt es auch, Konzepte dafür zu finden, wie es mit dem Bologna-Prozess und dem Europäische Hochschulraum nach 2010 weitergehen soll: Muss der organisatorische Rahmen des Prozesses gestärkt werden, bedarf der EHEA formal bindender Abkommen zwischen den

---

[328] Im Interview mit Hans R. Friedrich (2005).
[329] Vgl. The European Higher Education Area Beyond 2010, S.2f.
[330] Vgl. Kwiek, Marek: The Emergent European Educational Policies under Scrutiny: the Bologna Process form a Central European perspective, in: European Educational Research Journal, Volume 3, 2004 (4), S.760f.
[331] Im Interview mit Galler (2005), S.138f.

Mitgliedstaaten und falls ja, welche Elemente sollten diese umfassen? In Bergen haben die versammelten Minister diese Fragen erstmals auf die Tagesordnung gesetzt und es gilt nun, hierauf überzeugende Antworten zu finden. Dass dies geschieht, ist auch die Hoffnung des Autors, denn trotz der nachdenklichen Töne zum Ende dieser Arbeit und den unbestreitbaren Problemen bei der Umsetzung der Reformen bilden diese doch die Basis für einen gemeinsamen Bildungsraum Europas, der wesentlich dazu beitragen kann, wirtschafts- und wissenschaftlich zukunftsfähige Strukturen zu schaffen, eine europäische Identität zu stärken und längst überkommene Grenzen zu überwinden, um die „Türen zur Welt auf[zu]stoßen"[332].

---

[332] Rüttgers, Jürgen: Rede anlässlich der Verleihung der Ehrendoktorwürde der Universität Roma Tre, Rom am 12. November 2004, S.4.

6. Anhänge

6.1. Abbildungen und Tabellen

Datum	Schwerpunkt	Thema
12.-13.März 2002	Qualitätssicherung	Working on the European Dimension of Quality
11.-12.April 2002	Anerkennung / ETCS	From Lisboa to a European Higher Education Area: Recognition Issues in the Bologna Process
30.-31.Mai 2002	Joint Degrees	Joint Degrees within the framework of the Bologna Process
11.-12.Oktober 2002	Anerkennung / ETCS	ECTS – The Challenge for Institutions
19.-20.Februar 2003	Soziale Aspekte	Social Dimension of the Higher Education Area
14.-15.März 2003	Studienabschlüsse	Stock-taking seminar on Master degrees
27.-28.März 2003	Studienabschlüsse	Qualification Structures in Higher Education in Europe
11.-12.April 2003	Joint Degrees	Integrated Programmes
5.-7.Juni 2003	Lebenslanges Lernen	Recognition and Credit Systems compatibility for Higher Education in the Context of Lifelong Learning
12.-14.Juni 2003	Soziale Aspekte	Student Participation in Governance in Higher Education
6.-7.Mai 2004	Joint Degrees	Joint degrees – Further development
4.-5.Juni 2004	Studienabschlüsse	Bologna and the challenges of eLearning and distance education
1.-2.Juli 2004	Qualitätssicherung	Using Learning outcomes
28.-30.Juli 2004	Qualitätssicherung	Assessment and accreditation in the European framework
22.-24.September 2004	Soziale Aspekte	Public Responsibility for Higher Education and Research
11.-12.Oktober 2004	Mobilität	Designing policies for mobile students
22.-23.Oktober 2004	Beschäftigungsfähigkeit	The employability and its link to the objectives of the Bologna Process"

4.-6.November 2004	Anerkennung / ECTS	New Generation of Policy Documents and Laws for Higher Education: Their Thrust in the Context of the Bologna Process
25.-26.November 2004	Studienabschlüsse	Bachelor's Degree: What is it?
3.-4.Dezember 2004	Anerkennung / ECTS	Improving the Recognition System of Degrees and Periods of Studies
13.-14.Januar 2005	Anerkennung / ECTS	The Framework for Qualifications of the European Higher Education Area
27.-28.Januar 2005	Soziale Aspekte	The social dimension of the European higher education area and world-wide competition
3.-5.Februar 2005	Studienabschlüsse	Doctoral Programmes for the European Knowledge Society
14.-16.Februar 2005	Qualitätssicherung	Cooperation between accreditation committees/agencies

Tabelle 1: Übersicht der Bologna-Seminare seit der Berlin-Konferenz

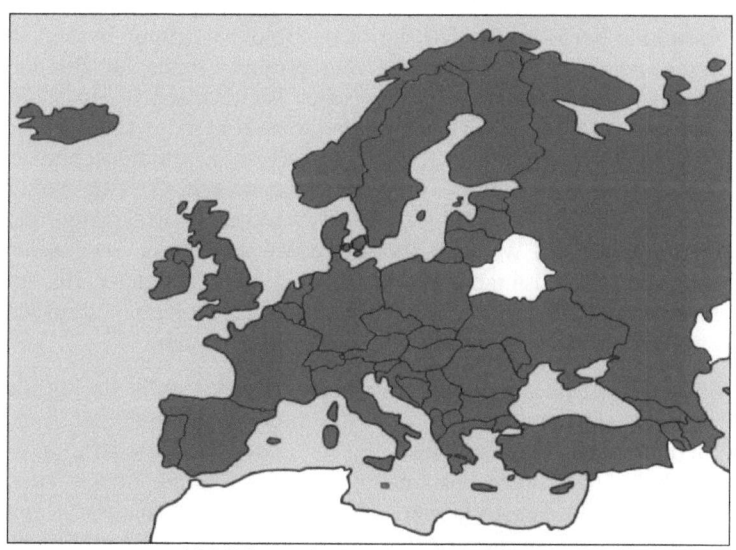

Abbildung 4: Bologna-Mitgliedsstaaten seit dem Ministertreffen in Bergen

6.2. Bologna in 60 Sekunden

Beim Bologna-Prozess handelt es sich um eine rechtlich unverbindliche Absprache zwischen den Bildungsminister von inzwischen 45 „europäischen" Staaten. Auf den alle zwei Jahre stattfindenden Ministertreffen legen sie offiziell fest, welche Ziele im Bologna-Prozess erreicht werden sollen. Gleichzeitig sind die Minister für die Umsetzung der verschiedenen Konzepte auf Länderebene verantwortlich. Unterstützt werden sie dabei von einer Arbeitsgruppe auf europäischer Ebene, der Bologna Follow-Up Group (BFUG), und nationalen Komitees, den nationalen Bologna-Gruppen.

Internationale Strukturen: In der BFUG arbeiten Vertreter der verschiedenen Bologna-Staaten und der Europäischen Union an konkreten Plänen für die Umsetzung der Bologna-Ziele, wobei sie von europaweiten Vereinigungen der Hochschulen (EUA, EURASHE und EI), der Studierenden (ESIB), der Wirtschaft (UNICE) und des Europarates beraten werden. Die BFUG trifft sich mehrmals im Jahr um offene Fragen zu den Reformen zu klären und über Fortschritte zu berichten.

Nationale Strukturen: Die nationale Bologna-Gruppe besteht in Deutschland aus Vertretern des Bundesministeriums für Bildung und Forschung (BMBF), des Deutschen Akademischen Austausch Dienstes (DAAD), der Hochschulrektorenkonferenz (HRK), der Kultusministerkonferenz (KMK), des freien zusammenschlusses von studentinnenschaften (fzs), der Bundesvereinigung deutscher Arbeitgeberverbände (BDA), der Gewerkschaft Erziehung und Wissenschaft (GEW) und des Akkreditierungsrates. Gemeinsam erarbeitet sie Lösungen zur Umsetzung der Bologna-Ziele auf Bundesebene, berichtet an die BFUG und führt Seminare zu den verschiedenen Inhalten des Bologna-Prozesses durch.

Ziele: Die Ziele des Bologna-Prozesses lassen sich in drei große Themen subsummieren: Die Förderung von Mobilität, von internationaler Wettbewerbsfähigkeit und von Beschäftigungs-fähigkeit. Dies umfasst als Unterziele die Einführung einheitlicher, gestufter Studienstrukturen (Bachelor/Master/Doktorat) im gesamten Europäischen Hochschulraum (EHEA), die Verkürzung von Studienzeiten, die Einrichtung von Qualitätssicherungs-systemen, eine stärkere Vermittlung berufsrelevanter Qualifikationen und eine höhere Konvergenz (Vergleichbarkeit) von Studienleistungen durch Instrumente wie das Diploma Supplement, das ECTS, einen gemeinsamen Qualifikationsrahmen und transparente Anerkennungsmechanismen.

Kritik: Kritik am Bologna-Prozess wird sowohl von Seiten der Studierenden als auch der Hochschulen selbst geäußert. In Deutschland dominieren Befürchtungen, dass ein verkürztes Studium, zumindest bei Bachelor-Absolventen, zu einem geringeren Qualifikationsniveau und zu einem weniger praktischen und berufsqualifizierenden Abschluss führen werde (z.b. durch den Wegfall von Praxissemestern und Auslandsaufenthalten). Gerade Studentenvertreter bezweifeln daher, ob Bachelor-Studierende auf dem Arbeitsmarkt adäquate Beschäftigungsangebote erhalten werden und sprechen sich deutlich gegen Zugangsbeschränkung zum Master-Studium aus. Auf Seiten der Hochschulen bedeutet die Umstellung der Studienstrukturen einen großen Arbeitsaufwand, der mit hohen Kosten verbunden ist (z.b. durch die Akkreditierung neuer Studiengänge). Kritisiert werden deshalb zum einen die fehlende Finanzausstattung für eine Umsetzung der Reformen, als auch ein Verlust an Tiefe und wissenschaftlicher Komponenten im Studium.

Fortschritte: Nichtsdestotrotz sind in vielen Bereichen bei der Umsetzung der Reformen bereits erhebliche Fortschritte erkennbar, so z.b. bei der formalen Einführung gestufter Studiengänge und des ECTS. In anderen Bereichen, vor allem bei den Qualifikationsrahmen, den Anerkennungsmethoden und der Berufsbefähigung, müssen bis zur politischen Zielmarke im Jahr 2010 noch deutliche Anstrengungen unternommen werden. Es ist deshalb schwer abzuschätzen, ob die Bologna-Ziele fristgerecht erreicht werden können. Durch die laufende Erweiterung des Bologna-Raumes wird eine Umsetzung zumindest in den neuen Mitgliedstaaten zu diesem Zeitpunkt nicht vollendet sein können und eine Mehrzahl von Experten geht davon aus, dass der Prozess weitere fünf bis zehn Jahre andauern wird. Eine formale Umstellung auf BA/MA-Abschlüsse ist in Deutschland bis zum Ende des Jahrzehnts aber zu erreichen und eine Akkreditierungsstruktur bereits jetzt verankert. Schließlich zeigen erste Studien, dass Bachelor-Absolventen schon jetzt gute Berufsangebote erhalten und von der Wirtschaft positiv aufgenommen werden.

6.3. Sorbonne-Erklärung

Gemeinsame Erklärung zur Harmonisierung der Architektur der europäischen Hochschulbildung, Paris, Sorbonne, den 25. Mai 1998

Der europäische Prozeß ist in letzter Zeit um einige bedeutende Schritte weiter vorangetrieben worden. So wichtig diese aber auch sein mag: man sollte nicht vergessen, daß Europa nicht nur das Europa des Euro, der Banken und der Wirtschaft ist; es muß auch ein Europa des Wissens sein. Wir müssen auf die intellektuellen, kulturellen, sozialen und technischen Dimensionen unseres Kontinents bauen und sie stärken. Sie sind in großem Maße von ihren Universitäten geprägt worden, die weiterhin eine ganz entscheidende Rolle in deren Entwicklung spielen.

Die Universitäten wurden in Europa vor ungefähr 750 Jahren gegründet. Unsere vier Länder sind stolz darauf, über einige der ältesten zu verfügen, die jetzt wichtige Jubiläen feiern, wie die Universität von Paris es heute tut. Damals reisten Studenten und Wissenschaftler umher und verbreiteten in kurzer Zeit ihr Wissen auf dem gesamten Kontinent. Heutzutage absolvieren zu viele unserer Studenten ihr Hochschulstudium, ohne den Vorteil zu nutzen, einen Teil der Studienzeit im Ausland zu verbringen.

Wir sehen uns auch einer Zeit grundlegender Veränderungen im Bildungsbereich und am Arbeitsplatz gegenüber, einer Diversifizierung der Berufsausbildung, in der lebenslanges Lernen zu einer ganz klaren Verpflichtung wird. Wir schulden unseren Studenten und unserer Gesellschaft insgesamt ein Hochschulsystem, in dem ihnen die besten Möglichkeiten geboten werden, den Platz zu suchen und zu finden, für den sie am besten geeignet sind.

Ein offener europäischer Raum für Hochschulbildung birgt zahlreiche positive Perspektiven, wobei natürlich unsere Unterschiede berücksichtigt werden müssen; auf der anderen Seite ist es erforderlich, sich stets darum zu bemühen, Hindernisse aus dem Weg zu räumen und Rahmenbedingungen für das Lernen und Lehren zu schaffen, um die Mobilität zu steigern und eine noch engere Zusammenarbeit fördern zu können.

Die internationale Anerkennung und Attraktivität unserer Bildungssysteme hängen unmittelbar damit zusammen, wie diese von außen und von innen gesehen werden. Es scheint ein System zu entstehen, in dem zwei große Zyklen, Studium und Postgraduiertenstudium, für den internationalen Vergleich und die Feststellung von Entsprechungen anerkannt werden sollten. Die Besonderheiten und die Flexibilität dieses Systems werden insbesondere durch die Anrechnung von Studienleistungen (wie bei dem Europäische Programm zur Anrechnung von Studienleistungen, ECTS) und Semestern erzielt. Somit können Leistungen derer anerkannt werden, die während ihrer Aus- oder Weiterbildung verschiedene europäische Universitäten besuchen wollen und in der Lage sein möchten, in angemessener Zeit einen akademischen Abschluß zu erwerben. Studenten sollten tatsächlich in der Lage sein, zu jedem Zeitpunkt ihrer berufliche Karriere und mit unterschiedlichen Erfahrungen Zugang zur Hochschule zu finden.

Studenten sollte der Zugang zu unterschiedlichsten Studiengänge sowie auch zu multidisziplinären Studien ermöglicht werden; sie sollten in die Lage versetzt werden, sich Fremdsprachenkenntnisse anzueignen und neue Informationstechnologien anzuwenden.

Die internationale Anerkennung des ersten Abschlusses als angemessene berufliche Qualifikation ist wichtig für den Erfolg dieses Unternehmens, mit dem wir uns darum bemühen, die Ausbildung an unseren Hochschulen für alle verständlich zu machen.

Im Postgraduiertenzyklus könnte zwischen einem kürzeren Master-Studium und einer längeren Promotion mit Übergangsmöglichkeiten zwischen beiden gewählt werden. Bei beiden Postgraduiertenabschlüssen wird besonderes Gewicht auf Forschung und eigenständiges Arbeiten gelegt.

Sowohl vor als auch nach dem ersten Hochschulabschluß sollten Studenten dazu ermutigt werden, mindestens ein Semester an einer Universität im Ausland zu studieren. Gleichzeitig sollten mehr Dozenten und Wissenschaftler in anderen europäischen Ländern als ihren Herkunftsländern arbeiten. Die stetig wachsende Unterstützung der Europäischen Union für die Mobilität der Studenten und Dozenten sollte voll ausgeschöpft werden.

Die meisten Länder, nicht nur in Europa, haben erkannt, daß diese Entwicklung unterstützt werden sollte. Auf den Konferenzen der europäischen Rektoren, der Universitätspräsidenten, Gruppen von

Experten und Wissenschaftlern in unseren jeweiligen Ländern hat man sich eingehend mit diesem Thema befaßt.

Letztes Jahr ist in Lissabon ein Abkommen zur Anerkennung von Hochschulabschlüssen innerhalb Europas verabschiedet worden. Das Abkommen beinhaltet einige grundlegende Anforderungen und stellt fest, daß die einzelnen Länder noch konstruktiver zusammen arbeiten könnten. Wenn man diese Schlußfolgerungen beherzigt, kann man darauf aufbauen und noch weiter gehen. Durch die entsprechenden Richtlinien der Europäischen Union ist im Bereich der gegenseitigen Anerkennung berufsqualifizierender Hochschulabschlüsse schon viel erreicht worden. Dennoch müssen unsere Regierungen noch einiges tun, um Mittel und Wege zu finden, damit erbrachte Studienleistungen angerechnet und die jeweiligen akademischen Abschlüsse schneller anerkannt werden. Wir gehen davon aus, daß zu diesem Zweck zusätzliche Abkommen zwischen Universitäten geschlossen werden. Eine progressive Harmonisierung der gesamten Rahmenbedingungen für unsere akademischen Abschlüsse und Ausbildungszyklen kann dadurch erzielt werden, daß bereits gesammelte Erfahrungen, gemeinsame Diplome, Pilot-Initiativen und der Dialog aller Betroffenen in verstärktem Maße gefördert werden.

Wir verpflichten uns hiermit, uns für einen gemeinsamen Rahmen einzusetzen, um so die Anerkennung akademischer Abschlüsse im Ausland, die Mobilität der Studenten sowie auch ihre Vermittelbarkeit am Arbeitsmarkt zu fördern.

Das Jubiläum der Universität von Paris, heute hier an der Sorbonne, gibt uns nun den ehrenvollen Anlaß, uns darum zu bemühen, einen europäischen Raum für Hochschulbildung zu schaffen, in dem nationale Identitäten und gemeinsame Interessen interagieren und sich gegenseitig stärken können zum Wohle Europas, seiner Studenten und seiner Bürger allgemein. Wir rufen andere Mitgliedstaaten der Europäischen Union und andere europäische Staaten dazu auf, uns in diesem Bemühen zu unterstützen und rufen alle europäischen Universitäten dazu auf, die Position Europas in der Welt durch ständig verbesserte und moderne Bildung für seine Bürger zu festigen.

Claude ALLEGRE - Minister für Bildung Forschung und Technologie (Frankreich)

Luigi BERLINGUER - Minister für öffentlichen Unterricht, Universitäten und Forschung (Italien)

Tessa BLACKSTONE - Minister für Höhere Bildung (Großbritannien)

Jürgen RÜTTGERS - Minister für Bildung, Wissenschaft, Forschung und Technologie (Deutschland)

6.4. Bologna-Deklaration

Gemeinsame Erklärung der Europäischen Bildungsminister, Bologna, den 19. Juni 1999

Dank der ausserordentlichen Fortschritte der letzten Jahre ist der europäische Prozess für die Union und ihre Bürger zunehmend eine konkrete und relevante Wirklichkeit geworden. Die Aussichten auf eine Erweiterung der Gemeinschaft und die sich vertiefenden Beziehungen zu anderen europäischen Ländern vergrössern die Dimension dieser Realität immer mehr. Inzwischen gibt es in weiten Teilen der politischen und akademischen Welt sowie in der öffentlichen Meinung ein wachsendes Bewusstsein für die Notwendigkeit der Errichtung eines vollständigeren und umfassenderen Europas, wobei wir insbesondere auf seinen geistigen, kulturellen, sozialen und wissenschaftlich-technologischen Dimensionen aufbauen und diese stärken sollten.

Inzwischen ist ein Europa des Wissens weitgehend anerkannt als unerlässliche Voraussetzung für gesellschaftliche und menschliche Entwicklung sowie als unverzichtbare Komponente der Festigung und Bereicherung der europäischen Bürgerschaft; dieses Europa des Wissens kann seinen Bürgern die notwendigen Kompetenzen für die Herausforderungen des neuen Jahrtausends ebenso vermitteln wie ein Bewusstsein für gemeinsame Werte und ein Gefühl der Zugehörigkeit zu einem gemeinsamen sozialen und kulturellen Raum.

Die Bedeutung von Bildung und Bildungszusammenarbeit für die Entwicklung und Stärkung stabiler, friedlicher und demokratischer Gesellschaften ist allgemein als wichtigstes Ziel anerkannt, besonders auch im Hinblick auf die Situation in Südosteuropa.

Die Sorbonne-Erklärung vom 25. Mai 1998, die sich auf diese Erwägungen stützte, betonte die Schlüsselrolle der Hochschulen für die Entwicklung europäischer kultureller Dimensionen. Die Erklärung betonte die Schaffung des europäischen Hochschulraumes als Schlüssel zur Förderung der Mobilität und arbeitsmarktbezogenen Qualifizierung seiner Bürger und der Entwicklung des europäischen Kontinents insgesamt.

Mehrere europäische Länder haben die Aufforderung, sich für die in der Erklärung dargelegten Ziele zu engagieren, angenommen und die Erklärung unterzeichnet oder aber ihre grundsätzliche Übereinstimmung damit zum Ausdruck gebracht. Die Richtung der Hochschulreformen, die mittlerweile in mehreren Ländern Europas in Gang gesetzt wurden, zeigt, dass viele Regierungen entschlossen sind zu handeln.

Die europäischen Hochschulen haben ihrerseits die Herausforderungen angenommen und eine wichtige Rolle beim Aufbau des europäischen Hochschulraumes übernommen, auch auf der Grundlage der in der Magna Charta Universitatum von Bologna aus dem Jahre 1988 niedergelegten Grundsätze. Dies ist von grösster Bedeutung, weil Unabhängigkeit und Autonomie der Universitäten gewährleistet, dass sich die Hochschul- und Forschungssysteme den sich wandelnden Erfordernissen, den gesellschaftlichen Anforderungen und den Fortschritten in der Wissenschaft laufend anpassen.

Die Weichen sind gestellt, und das Ziel ist sinnvoll. Dennoch bedarf es kontinuierlicher Impulse, um das Ziel grössere Kompatibilität und Vergleichbarkeit der Hochschulsysteme vollständig zu verwirklichen. Um sichtbare Fortschritte zu erzielen, müssen wir diese Entwicklung durch Förderung konkreter Massnahmen unterstützen. An dem Treffen am 18. Juni nahmen massgebliche Experten und Wissenschaftler aus allen unseren Ländern teil, und das Ergebnis sind sehr nützliche Vorschläge für die zu ergreifenden Initiativen.

Insbesondere müssen wir uns mit dem Ziel der Verbesserung der internationalen Wettbewerbsfähigkeit des europäischen Hochschulsystems befassen. Die Vitalität und Effizienz jeder Zivilisation lässt sich an der Attraktivität messen, die ihre Kultur für andere Länder besitzt. Wir müssen sicherstellen, dass die europäischen Hochschulen weltweit ebenso attraktiv werden wie unsere aussergewöhnlichen kulturellen und wissenschaftlichen Traditionen.

Wir bekräftigen unsere Unterstützung der in der Sorbonne-Erklärung dargelegten allgemeinen Grundsätze, und wir werden unsere Massnahmen koordinieren, um kurzfristig, auf jeden Fall aber innerhalb der ersten Dekade des dritten Jahrtausends, die folgenden Ziele, die wir für die Errichtung des europäischen Hochschulraumes und für die Förderung der europäischen Hochschulen weltweit für vorrangig halten, zu erreichen:

111

- Einführung eines Systems leicht verständlicher und vergleichbarer Abschlüsse, auch durch die Einführung des Diplomzusatzes (Diploma Supplement) mit dem Ziel, die arbeitsmarktrelevanten Qualifikationen der europäischen Bürger ebenso wie die internationale Wettbewerbsfähigkeit des europäischen Hochschulsystems zu fördern.

- Einführung eines Systems, das sich im wesentlichen auf zwei Hauptzyklen stützt: einen Zyklus bis zum ersten Abschluss(undergraduate) und einen Zyklus nach dem ersten Abschluss(graduate). Regelvoraussetzung für die Zulassung zum zweiten Zyklus ist der erfolgreiche Abschluss des ersten Studienzyklus, der mindestens drei Jahre dauert. Der nach dem ersten Zyklus erworbene Abschlussattestiert eine für den europäischen Arbeitsmarkt relevante Qualifikationsebene. Der zweite Zyklus sollte, wie in vielen europäischen Ländern, mit dem Master und/oder der Promotion abschliessen.

- Einführung eines Leistungspunktesystems -ähnlich dem ECTS- als geeignetes Mittel der Förderung grösstmöglicher Mobilität der Studierenden. Punkte sollten auch ausserhalb der Hochschulen, beispielsweise durch lebenslanges Lernen, erworben werden können, vorausgesetzt, sie werden durch die jeweiligen aufnehmenden Hochschulen anerkannt.

- Förderung der europäischen Zusammenarbeit bei der Qualitätssicherung im Hinblick auf die Erarbeitung vergleichbarer Kriterien und Methoden.

- Förderung der erforderlichen europäischen Dimensionen im Hochschulbereich, insbesondere in Bezug auf Curriculum-Entwicklung, Zusammenarbeit zwischen Hochschulen, Mobilitätsprojekte und integrierte Studien-, Ausbildungs- und Forschungsprogramme.

Wir verpflichten uns hiermit, diese Ziele - im Rahmen unserer institutionellen Kompetenzen und unter uneingeschränkter Achtung der Vielfalt der Kulturen, der Sprachen, der nationalen Bildungssysteme und der Autonomie der Universitäten - umzusetzen, um den europäischen Hochschulraum zu festigen. Dafür werden wir die Möglichkeit der Zusammenarbeit sowohl auf Regierungsebene als auch auf der Ebene der Zusammenarbeit mit auf dem Gebiet der Hochschulen ausgewiesenen europäischen Nichtregierungsorganisationen nutzen. Wir erwarten, dass die

Hochschulen wiederum prompt und positiv reagieren und aktiv zum Erfolg unserer Anstrengungen beitragen.

In der Überzeugung, dass die Errichtung des europäischen Hochschulraumes ständiger Unterstützung, Überwachung und Anpassung an die sich unaufhörlich wandelnden Anforderungen bedarf, beschliessen wir, uns spätestens in zwei Jahren wieder zu treffen, um die bis dahin erzielten Fortschritte und die dann zu ergreifenden Massnahmen zu bewerten.

Übersetzung aus dem Englischen. Quelle: BMBF.

6.5. Prager Kommuniqué

Auf dem Wege zum europäischen Hochschulraum. Kommuniqué des Treffens der europäischen Hochschulministerinnen und Hochschulminister am 19. Mai 2001 in Prag

Zwei Jahre nach der Unterzeichnung der Bologna -Erklärung und drei Jahre nach der Sorbonne-Erklärung sind die europäischen Hochschulministerinnen und Hochschulminister, 32 Unterzeichner dieser Erklärungen, in Prag zusammengekommen, um eine Bilanz über die erzielten Fortschritte zu ziehen und um die Richtungen und Prioritäten für die kommenden Jahre in diesem Bereich abzustecken. Die Ministerinnen und Minister haben bestätigt, dass sie sich auch weiterhin für das Ziel der Errichtung des europäischen Hochschulraums bis zum Jahre 2010 einsetzen werden. Die Durchführung dieses Treffens in Prag ist ein Symbol ihrer Bereitschaft, mit dem Blick auf die Erweiterung der Europäischen Union Gesamteuropa in diesen Prozess einzubeziehen.

Die Ministerinnen und Minister begrüßten und erörterten den von der für die Umsetzung dieser Erklärungen geschaffenen Arbeitsgruppe vorgelegten Bericht "Förderung des Bologna-Prozesses" und stellten fest, dass die in der Bologna -Erklärung festgelegten Ziele bei den meisten Unterzeichnerstaaten und auch Universitäten und anderen Hochschuleinrichtungen eine breite Akzeptanz gefunden haben und von ihnen als Grundlage für die Entwicklung des Hochschulwesens genutzt werden. Die Ministerinnen und Minister haben bestätigt, dass die Anstrengungen zur Förderung der Mobilität fortgeführt werden müssen, um Studierende, Lehrende, Wissenschafterinnen und Wissenschafter und das Verwaltungspersonal in die Lage zu versetzen, vom Reichtum des europäischen Hochschulraums, von seinen demokratischen Werten, von der Vielfalt der Kulturen, Sprachen und Hochschulsysteme zu profitieren.

Die Ministerinnen und Minister haben die Ergebnisse der vom 29. bis 30. März 2001 in Salamanca durchgeführten Konferenz der europäischen Hochschuleinrichtungen und die Empfehlungen der vom 24. bis 25. März 2001 in Göteborg durchgeführten Konferenz der europäischen Studierenden zur Kenntnis genommen und das aktive Engagement der European University Association (EUA) und der National Unions of Students in Europe (ESIB) am

Bologna-Prozess gewürdigt. Die vielen weiteren Initiativen zur Förderung dieses Prozesses haben sie ebenfalls zur Kenntnis genommen und gewürdigt. Die Ministerinnen und Minister nahmen auch die konstruktive Unterstützung der Europäischen Kommission zur Kenntnis.

Die Ministerinnen und Minister stellten fest, dass in den meisten Ländern die in der Deklaration empfohlenen Aktivitäten bezüglich der gestuften Abschlussgrade intensiv und umfassend in Angriff genommen worden sind. Besonders hoben sie die Arbeiten zur Weiterentwicklung der Qualitätssicherung hervor. Die Ministerinnen und Minister sind sich der Notwendigkeit bewusst, bei der Bewältigung der im Zusammenhang mit der transnationalen Bildung entstehenden Herausforderungen zusammenzuarbeiten. Sie heben auch hervor, dass es notwendig ist, den Aspekt des lebensbegleitenden Lernens bei der Gestaltung der Bildungssysteme zu berücksichtigen.

Weitere Maßnahmen nach den 6 Zielen des Bologna-Prozesses

Wie in der Bologna-Erklärung festgelegt, bestätigten die Ministerinnen und Minister, dass die Errichtung des europäischen Hochschulraums eine Bedingung für die Erhöhung der Attraktivität und der Wettbewerbsfähigkeit der Hochschuleinrichtungen in Europa ist. Sie unterstützten die Auffassung, dass Hochschulausbildung als ein öffentliches Gut zu betrachten und dass sie eine vom Staat wahrzunehmende Verpflichtung ist und bleibt (Regelungen usw.), und dass die Studierenden gleichberechtigte Mitglieder der Hochschulgemeinschaft sind. Aus dieser Sicht haben die Ministerinnen und Minister die weitere Entwicklung in diesem Bereich wie folgt kommentiert:

Einführung eines Systems leicht verständlicher und vergleichbarer Abschlüsse

Die Ministerinnen und Minister fordern die Universitäten und anderen Hochschuleinrichtungen auf, die nationale Gesetzgebung und die europäischen Instrumente für die Erleichterung der akademischen und beruflichen Anerkennung von Ausbildungen, Abschlüssen und sonstigen Zertifikaten voll auszuschöpfen, damit die Bürger ihre Qualifikationen, Kompetenzen und Fertigkeiten überall im europäischen Hochschulraum effizient nutzen können.

Die Ministerinnen und Minister fordern bestehende Organisationen und Netzwerke, wie beispielsweise NARIC und ENIC auf, auf institutioneller, nationaler und europäischer Ebene die einfache, effiziente und gerechte Anerkennung zu fördern, um der Vielfalt der Qualifikationen gebührend Rechnung zu tragen.

Einführung eines Systems, das im wesentlichen auf zwei Hauptstufen fußt

Mit Genugtuung haben die Ministerinnen und Minister festgestellt, dass das Ziel – die Einführung gestufter Abschlussgrade, die auf zwei Hauptstufen basieren, wobei Hochschulausbildung als Undergraduate-Studium und Graduate-Studium definiert wird – in Angriff genommen und erörtert worden ist. Einige Länder haben diese Struktur bereits eingeführt, und einige weitere Länder sind stark daran interessiert. Es ist wichtig festzustellen, dass in vielen ändern die Abschlüsse als Bachelor und Master oder vergleichbare zweistufige Abschlüsse an Universitäten und an anderen Hochschuleinrichtungen erworben werden können. Die zu einem Abschluss führenden Programme können und sollten unterschiedliche Orientierungen und verschiedene Profile haben, um der Vielfalt der individuellen, akademischen und arbeitsmarktbedingten Bedürfnisse gerecht werden zu können - eine Schlussfolgerung, die auf dem Seminar über Bachelor-Abschlüsse im Februar 2001 in Helsinki gezogen wurde.

Einrichtung eines Leistungspunktesystems

Die Ministerinnen und Minister betonten, dass es im Interesse einer größeren Flexibilität beim Lernen und bei der Weiterbildung notwendig ist, gemeinsame Eckpunkte für Qualifikationen, gestützt auf ein Leistungspunktesystem wie das ECTS oder ein ECTS-kompatibles System, das sowohl die Übertragbarkeit (Anrechnung) als auch die Kumulation von Leistungspunkten ermöglicht, einzuführen. Gemeinsam mit gegenseitig anerkannten Qualitätssicherungssystemen erleichtern solche Möglichkeiten den Studenten den Zugang zum europäischen Arbeitsmarkt und erhöhen die Kompatibilität, Attraktivität und die Wettbewerbsfähigkeit der europäischen Hochschulen. Die allgemeine Nutzung eines derartigen Leistungspunktesystems und des Diplomzusatzes (Diploma Supplement) wird Fortschritte in diese Richtung fördern.

Förderung der Mobilität

Die Ministerinnen und Minister bekräftigte n, dass das Ziel der Verbesserung der Mobilität von Studierenden, Lehrenden, Wissenschafterinnen und Wissenschaftern und Verwaltungspersonal - wie in der Bologna-Erklärung formuliert - von größter Bedeutung ist. Deshalb bestätigten sie, dass sie sich dafür einsetzen werden, alle Hindernisse für die Freizügigkeit von Studierenden, Lehrenden, Wissenschafterinnen und Wissenschaftern und Verwaltungspersonal zu beseitigen und hoben die soziale Dimension der Mobilität hervor. Sie nahmen die durch die Programme der Europäischen Kommission angebotenen Mobilitätsmöglichkeiten und die in diesem Bereich erreichten Fortschritte zur Kenntnis, z.b. den Beginn des vom Europäischen Rat in Nizza im Jahre 2000 gebilligten Aktionsplans zur Förderung der Mobilität.

Förderung der europäischen Kooperation bei der Qualitätssicherung

Die Ministerinnen und Minister billigten die entscheidende Rolle, die Qualitätssicherungssysteme bei der Sicherung hoher Qualitätsstandards und bei der Verbesserung der Vergleichbarkeit von Qualifikationen überall in Europa spielen. Sie haben auch zu einer engeren Kooperation zwischen Anerkennungs- und Qualitätssicherungsnetzen aufgerufen. Sie betonten die Notwendigkeit einer engeren europäischen Kooperation und des gegenseitigen Vertrauens in die nationalen Qualitätssicherungssysteme und deren gegenseitige Akzeptanz. Sie haben weiterhin die Universitäten und andere Hochschuleinrichtungen in deren Bemühen bestärkt, die besten Beispiele praktischer Umsetzung zu verbreiten und Szenarien für die gegenseitige Anerkennung von Mechanismen zur Evaluierung, Akkreditierung und Zertifikation zu erarbeiten. Die Ministerinnen und Minister haben die Universitäten und anderen Hochschuleinrichtungen, die nationalen Einrichtungen und das European Network of Quality Assurance in Higher Education (ENQA) aufgefordert, in Zusammenarbeit mit den entsprechenden Einrichtungen aus den Ländern, die nicht Mitglied der ENQA sind, bei der Einführung gemeinsamer Rahmengrundsätze zusammenzuarbeiten und die besten Beispiele aus der Praxis zu verbreiten.

Förderung der europäischen Dimensionen im Hochschulwesen

Um die wichtigen europäischen Dimensionen des Hochschulwesens weiter zu festigen und die Beschäftigungschancen für Absolventinnen und Absolventen zu erhöhen, haben die Ministerinnen und Minister die Hochschulen aufgefordert, auf allen Ebenen die Entwicklung von Modulen, Kursen und Lehrplänen mit "europäischem" Inhalt, "europäischer" Orientierung oder Organisation auszubauen. Das betrifft insbesondere Module, Kurse und Lehrpläne für Abschlüsse, die partnerschaftlich von Institutionen aus verschiedenen Ländern angeboten werden und die zu einem anerkannten gemeinsamen Abschluss führen.

Die Ministerinnen und Minister haben weiterhin folgendePunkte hervorgehoben:

Lebensbegleitendes Lernen bzw. lebenslanges Lernen

Lebensbegleitendes Lernen *) ist ein wichtiges Element des europäischen Hochschulraums. In einem zukünftigen Europa, das sich auf eine wissensbasierte Gesellschaft und Wirtschaft stützt, sind Strategien für das lebensbegleitende Lernen notwendig, um den Herausforderungen des Wettbewerbs und der Nutzung neuer Technologien gerecht zu werden und um die soziale Kohäsion, Chancengleichheit und Lebensqualität zu verbessern.

Hochschuleinrichtungen und Studierende

Die Ministerinnen und Minister hoben hervor, dass die Beteiligung der Universitäten und anderer Hochschuleinrichtungen und der Studierenden als kompetente, aktive und konstruktive Partner bei der Errichtung und Gestaltung des europäischen Hochschulraums notwendig ist und begrüßt wird. Die Einrichtungen haben klar gemacht, dass sie der Schaffung eines kompatiblen und effizienten, gleichzeitig aber auch diversifizierten und anpassungsfähigen europäischen Hochschulraums große Bedeutung beimessen. Die Ministerinnen und Minister wiesen weiterhin darauf hin, dass Qualität die grundlegende Bedingung für das Vertrauen in den europäischen Hochschulraum, für seine

---

*) oder „lebenslanges Lernen", letzterer Begriff stärker in der Schweiz gebraucht, ersterer stärker in Österreich und Deutschland; inhaltliche Interpretation aber synonym.

Relevanz, für Mobilität, Kompatibilität und Attraktivität ist. Die Ministerinnen und Minister würdigten die Beiträge zur Entwicklung von Studienprogrammen, welche die akademische Qualität mit Voraussetzungen für dauerhafte Beschäftigungschancen kombinieren, und forderten die Hochschuleinrichtungen auf, auch weiterhin eine pro-aktive Rolle spielen.

Die Ministerinnen und Minister bestätigten, dass die Studierenden an der Organisation und am Inhalt der Ausbildung an Universitäten und Hochschuleinrichtungen teilnehmen und sie beeinflussen sollten. Die Ministerinnen und Minister bestätigten auch die von den Studierenden erneut vorgebrachte Notwendigkeit, die soziale Dimension des Bologna-Prozesses zu berücksichtigen.

Förderung der Attraktivität des europäischen Hochschulraums

Die Ministerinnen und Minister stimmten darin überein, dass es wichtig ist, die Attraktivität des europäischen Hochschulraums für Studierende aus Europa und anderen Teilen der Welt zu erhöhen. Die weltweit leichte Verständlichkeit und Vergleichbarkeit europäischer Hochschulabschlüsse sollte durch die Entwicklung eines gemeinsamen Qualifikationsrahmens und durch in sich geschlossene Mechanismen zur Qualitätssicherung und Akkreditierung/Zertifizierung sowie durch mehr Informationen erhöht werden.

Insbesondere hoben die Ministerinnen und Minister hervor, dass die Qualität der Hochschulausbildung und –forschung eine wichtige Determinante der internationalen Attraktivität und Wettbewerbsfähigkeit Europas ist und sein sollte. Die Ministerinnen und Minister stimmten darin überein, dass den Vorzügen eines europäischen Hochschulraums, gekennzeichnet durch Institutionen und Programme mit verschiedenen Profilen, mehr Aufmerksamkeit geschenkt werden sollte. Sie riefen die europäischen Länder zu einer verstärkten Zusammenarbeit bei der Bewältigung der möglichen Folgewirkungen und der Gestaltung der Perspektiven einer transnationalen Bildung auf.

Umsetzung der getroffenen Festlegungen und Fortsetzung der Kooperation

Die Ministerinnen und Minister verpflichten sich, ihre auf den in der Bologna-Erklärung festgeschriebenen Zielen basierende Kooperation fortzusetzen, sich dabei auf die Ähnlichkeiten zwischen den Kulturen, Sprachen und nationalen Systemen zu stützen und deren Unterschiede zu nutzen sowie alle Möglichkeiten der Regierungskooperation und des laufenden Dialogs mit europäischen Universitäten und anderen Hochschuleinrichtungen und Studentenorganisationen sowie mit den Gemeinschaftsprogrammen voll auszuschöpfen.

Die Ministerinnen und Minister begrüßten den Beitritt neuer Mitglieder zum Bologna-Prozess auf der Basis von Anträgen der Bildungs- bzw. Wissenschaftsministerinnen und Bildungs- und Wissenschaftsminister aus Ländern, für die die europäischen Gemeinschaftsprogramme SOKRATES und LEONARDO DA VINCI oder TEMPUSCARDS offen sind. Sie nahmen die Anträge Kroatiens, Zyperns und der Türkei an.

Die Ministerinnen und Minister beschlossen, dass in der zweiten Hälfte 2003 in Berlin eine weitere Nachfolgekonferenz stattfinden wird, um über die Fortschritte Bilanz zu ziehen und Richtungen und Prioritäten für die nächsten Etappen auf dem Wege zum europäischen Hochschulraum festzulegen. Sie bestätigten die Notwendigkeit, für die Folgearbeiten einen institutionellen Rahmen zu schaffen, der aus einer Follow-up-Gruppe sowie einer Vorbereitungsgruppe besteht. Die Follow-up-Gruppe sollte aus Vertretern aller Unterzeichnerstaaten einschl. der neuen Teilnehmer und der Europäischen Kommission bestehen. Den Vorsitz sollte die jeweilige EU-Präsidentschaft übernehmen.

Die Vorbereitungsgruppe sollte aus Vertretern der Gastgeberländer der vorangegangenen Ministertreffen und des nächsten Ministertreffens, von zwei EU-Mitgliedstaaten und zwei Nicht-EU-Mitgliedsstaaten bestehen, wobei diese vier Vertreter von der Follow-up-Gruppe gewählt werden sollten. Die jeweilige EU-Präsidentschaft und die Europäische Kommission werden ebenfalls an der Vorbereitungsgruppe teilnehmen. Den Vorsitz in der Vorbereitungsgruppe wird der Vertreter des Gastgeberlandes für das nächste Ministertreffen übernehmen.

Die European University Association, die European Association of Institutions of Higher Education (EURASHE), die National

Unions of Students in Europe und der Europarat sollten bei den Nachfolgearbeiten konsultiert werden.

Um den Prozess weiter voran zu treiben, sprachen sich die Ministerinnen und Minister dafür aus, dass die Gruppe für die Nachfolgearbeiten Seminare organisiert, um folgende Bereiche auszuloten: Kooperation bezüglich der Akkreditierung und Qualitätssicherung, Anerkennungsfragen und die Nutzung von Leistungspunktesystemen im Bologna-Prozess, Entwicklung gemeinsamer Abschlüsse, soziale Dimension mit besonderem Schwerpunkt auf Mobilitätshindernissen, Erweiterung des Bologna-Prozesses, lebensbegleitendes Lernen und Beteiligung der Studierenden.

Übersetzung aus dem Englischen. Quelle: BMBF.

6.6. Berliner Kommuniqué

„Den Europäischen Hochschulraum verwirklichen"

Kommuniqué der Konferenz der europäischen Hochschulministerinnen und -minister am 19. September 2003 in Berlin

Präambel

Am 19. Juni 1999, ein Jahr nach der Sorbonne-Erklärung, unterzeichneten die Hochschulministerinnen und -minister aus 29 europäischen Ländern die Bologna-Erklärung. Sie vereinbarten wesentliche gemeinsame Ziele für die Schaffung eines einheitlichen Europäischen Hochschulraums bis 2010. Bei der ersten Folgekonferenz in Prag am 19. Mai 2001 fügten sie weitere Ziele hinzu und bekräftigten ihre Entschlossenheit, den Europäischen Hochschulraum bis 2010 zu verwirklichen. Am 19. September 2003 kamen die Hochschulministerinnen und -minister aus 33 europäischen Ländern in Berlin zusammen, um über die erzielten Fortschritte Bilanz zu ziehen und die Schaffung des Europäischen Hochschulraumes durch die Setzung von Prioritäten und neuen Zielen für die kommenden Jahre zu beschleunigen. Einigkeit bestand hinsichtlich folgender Überlegungen, Grundsätze und Prioritäten:

Die Ministerinnen und Minister bekräftigen erneut die Bedeutung der sozialen Dimension des Bologna-Prozesses. Die Notwendigkeit, die Wettbewerbsfähigkeit zu verbessern, muss mit dem Ziel, der sozialen Dimension des Europäischen Hochschulraumes größere Bedeutung zu geben, in Einklang gebracht werden; dabei geht es um die Stärkung des sozialen Zusammenhalts sowie den Abbau sozialer und geschlechtsspezifischer Ungleichheit auf nationaler und europäischer Ebene. In diesem Zusammenhang bekräftigen die Ministerinnen und Minister ihre Auffassung, dass Hochschulbildung ein öffentliches Gut und eine vom Staat wahrzunehmende Verpflichtung ist. Sie betonen, dass die internationale Hochschulzusammenarbeit und der wissenschaftliche Austausch in erster Linie von akademischen Werten geprägt sein sollten.

Die Ministerinnen und Ministern würdigen die Beschlüsse des Europäischen Rats in Lissabon (2000) und Barcelona (2002), die darauf zielen, Europa „zum wettbewerbsfähigsten und dynamischsten Wirtschaftsraum zu machen, einem Wirtschaftsraum, der fähig ist, ein dauerhaftes Wachstum mit mehr und besseren Arbeitsplätzen und einem größeren sozialen Zusammenhalt zu erzielen", und die darüber hinaus weitere Maßnahmen und eine engere Zusammenarbeit im Rahmen des Bologna-Prozesses fordern.

Die Ministerinnen und Minister nehmen den von der Bologna Follow-up Group in Auftrag gegebenen Zwischenbericht über den Fortgang des Bologna-Prozesses zwischen Prag und Berlin zur Kenntnis, außerdem den von der European University Association (EUA) vorgelegten Trends III-Bericht sowie die Ergebnisse der Seminare, die als Teil des Arbeitsprogramms zwischen Prag und Berlin von mehreren Mitgliedstaaten, Hochschuleinrichtungen sowie Organisationen und Studierenden veranstaltet wurden. Die Ministerinnen und Minister nehmen ferner die Länderberichte zur Kenntnis, die den beträchtlichen Fortschritt belegen, der bei der Anwendung der Grundsätze des Bologna-Prozesses erzielt wurde. Schließlich nehmen sie die Botschaften der Europäischen Kommission und des Europarates zur Kenntnis und begrüßen deren Unterstützung für die Umsetzung des Prozesses.

Die Ministerinnen und Minister sind sich darin einig, dass Anstrengungen unternommen werden müssen, um insgesamt engere Beziehungen zwischen den Hochschul- und Forschungssystemen ihrer jeweiligen Länder zu knüpfen. Der entstehende Europäische Hochschulraum wird von den Synergien mit dem Europäischen Forschungsraum profitieren, so dass die Grundlagen eines Europas des Wissens gefestigt werden. Ziel ist es, den kulturellen Reichtum und die sprachliche Vielfalt Europas, die in seinen vielfältigen ererbten Traditionen gründen, zu erhalten und das Potenzial für Innovation und soziale und wirtschaftliche Entwicklung durch verbesserte Zusammenarbeit zwischen den Hochschulen zu fördern.

Die Ministerinnen und Minister erkennen die zentrale Rolle von Hochschulen und von Studierendenverbänden bei der Schaffung des Europäischen Hochschulraumes an. Sie nehmen die anlässlich der Grazer Hochschulkonferenz formulierte Botschaft der European University Association (EUA), die Beiträge der European Association of Institutions in Higher Education

(EURASHE) und die Mitteilungen der National Unions of Students in Europe (ESIB) zur Kenntnis.

Die Ministerinnen und Minister begrüßen das Interesse anderer Regionen der Welt an der Entwicklung des Europäischen Hochschulraumes, insbesondere die Anwesenheit von Vertretern europäischer Länder, die noch nicht am Bologna-Prozess teilnehmen, sowie von Vertretern der Verbindungsgruppe des Gemeinsamen Hochschulraumes Europäische Union, Lateinamerika und Karibik (EULAC) als Gäste dieser Konferenz.

Fortschritte

Die Ministerinnen und Minister begrüßen die seit der Prager Konferenz ergriffenen Initiativen für mehr Vergleichbarkeit und Kompatibilität, für transparentere Hochschulsysteme und für eine höhere Qualität europäischer Hochschulbildung auf institutioneller und nationaler Ebene. Sie würdigen in diesem Zusammenhang die Kooperation und das Engagement aller Beteiligten: der Hochschulen und Studierenden sowie anderer interessierter Gruppen.

Die Ministerinnen und Minister betonen die Bedeutung aller Elemente des Bologna-Prozesses für die Errichtung des Europäischen Hochschulraumes und unterstreichen die Notwendigkeit, die Bemühungen auf institutioneller, nationaler und europäischer Ebene zu verstärken. Um dem Prozess noch mehr Schwung zu verleihen, legen sie für die beiden nächsten Jahre mittelfristige Prioritäten fest. Sie werden ihre Anstrengungen zur Förderung einer wirksamen Qualitätssicherung, zur tatsächlichen Anwendung von gestuften Studienstrukturen und für verbesserte Anerkennungsverfahren von Studienabschlüssen und -abschnitten verstärken.

Qualitätssicherung

Es hat sich gezeigt, dass die Qualität der Hochschulbildung der Dreh- und Angelpunkt für die Schaffung des Europäischen Hochschulraumes ist. Die Ministerinnen und Minister verpflichten sich, die weitere Entwicklung der Qualitätssicherung auf institutioneller, nationaler und europäischer Ebene zu fördern. Sie betonen die Notwendigkeit, wechselseitig anerkannte Kriterien und Methoden der Qualitätssicherung zu entwickeln.

Ferner unterstreichen sie, dass die Hauptverantwortung für die Qualitätssicherung in der Hochschulbildung gemäß dem Grundsatz der institutionellen Autonomie bei jeder Hochschule selbst liegt, und dass dies die Grundlage für eine tatsächliche Verantwortlichkeit der Hochschulen im nationalen Qualitätssystem bildet.

Daher vereinbaren sie, dass die nationalen Qualitätssicherungssysteme bis 2005 Folgendes beinhalten sollen:

▪ Eine Festlegung der Zuständigkeiten der beteiligten Instanzen und Institutionen.

▪ Eine Evaluierung von Programmen oder Institutionen, einschließlich interner Bewertung, externer Beurteilung, Beteiligung der Studierenden und Veröffentlichung der Ergebnisse.

▪ Ein System der Akkreditierung, der Zertifizierung oder ähnlicher Verfahren.

▪ Internationale Beteiligung, Kooperation und Vernetzung.

Auf europäischer Ebene fordern die Ministerinnen und Minister das European Network for Quality Assurance in Higher Education (ENQA) auf, über seine Mitglieder und in Zusammenarbeit mit der EUA, EURASHE und ESIB ein vereinbartes System von Normen, Verfahren und Richtlinien zur Qualitätssicherung zu entwickeln, Möglichkeiten zur Gewährleistung eines geeigneten Begutachtungsprozesses *(peer review)* für Agenturen und Einrichtungen zur Qualitätssicherung und/oder Akkreditierung zu prüfen und durch die Follow-up-Gruppe den Ministerinnen und Ministern bis 2005 darüber Bericht zu erstatten. Die Fachkenntnis anderer Verbände und Netzwerke für Qualitätssicherung ist dabei gebührend zu berücksichtigen.

Studienstrukturen: Einführung eines Systems, das sich im Wesentlichen auf zwei Hauptzyklen stützt

Die Ministerinnen und Minister nehmen mit Genugtuung zur Kenntnis, dass nach ihrer Festlegung auf ein gestuftes Studiensystem in der Bologna-Erklärung mittlerweile eine umfassende Neuordnung der europäischen Hochschullandschaft eingesetzt hat. Alle Ministerinnen und Minister verpflichten sich, mit der Implementierung des zweistufigen Systems bis 2005 begonnen zu haben.

Die Ministerinnen und Minister unterstreichen, wie wichtig es ist, die erzielten Fortschritte zu konsolidieren und das Verständnis für und die Akzeptanz der neuen Abschlüsse durch eine Vertiefung des Dialogs innerhalb der Hochschulen sowie zwischen diesen und den Arbeitgebern zu verbessern.

Die Ministerinnen und Minister empfehlen den Mitgliedstaaten, einen Rahmen vergleichbarer und kompatibler Hochschulabschlüsse für ihre Hochschulsysteme zu entwickeln, der darauf zielt, Qualifikationen im Hinblick auf Arbeitsbelastung, Niveau, Lernergebnisse, Kompetenzen und Profile zu definieren. Sie verpflichten sich ferner, einen übergreifenden Rahmen für Abschlüsse im Europäischen Hochschulraum zu entwickeln.

Innerhalb eines derartigen Rahmens sollten Abschlüsse zu unterschiedlichen, festgelegten Ergebnissen führen. Die beiden Studiengänge des zweistufigen Systems sollten unterschiedliche Ausrichtungen und Profile haben, um einer Vielfalt von individuellen, akademischen und Arbeitsmarktanforderungen zu entsprechen. Die Abschlüsse des ersten Studienzyklus sollten im Sinne des Lissabon-Abkommens den Zugang zum zweiten Zyklus, Abschlüsse des zweiten Zyklus den Zugang zum Doktorandenstudium ermöglichen.

Die Ministerinnen und Minister fordern die Follow-up-Gruppe auf zu prüfen, ob und wie Kurzstudiengänge mit dem ersten Studienzyklus des Qualifikationsrahmens im Europäischen Hochschulraum verbunden werden können.

Die Ministerinnen und Minister betonen, sich mit allen geeigneten Mitteln dafür einsetzen zu wollen, den Zugang zur Hochschulbildung für Alle auf der Grundlage ihrer Eignung zu ermöglichen.

Förderung der Mobilität

Die Mobilität der Studierenden sowie des wissenschaftlichen und Verwaltungspersonals ist die Grundlage für die Schaffung eines Europäischen Hochschulraumes. Die Ministerinnen und Minister betonen die Bedeutung der Mobilität für Wissenschaft und Kultur, Politik, Wirtschaft und Gesellschaft. Mit Befriedigung nehmen sie zur Kenntnis, dass die Mobilität seit ihrem letzten Treffen zugenommen hat, auch dank der beträchtlichen Unterstützung durch EU-Programme, und sie vereinbaren, die notwendigen Schritte zu unternehmen, um die Qualität und den Umfang der statistischen Daten zur studentischen Mobilität zu verbessern.

Sie bekräftigen erneut ihre Absicht, ihr Möglichstes zu tun, um alle Hindernisse für die Mobilität im Europäischen Hochschulraum abzubauen. Im Hinblick auf die Förderung studentischer Mobilität werden die Ministerinnen und Minister die notwendigen Schritte unternehmen, um die Mitnahme der im eigenen Land gewährten Darlehen und Beihilfen zu ermöglichen.

Einführung eines Leistungspunktsystems

Die Ministerinnen und Minister betonen die bedeutende Rolle des European Credit Transfer System (ECTS) für die Förderung der studentischen Mobilität und die internationale Curriculum-Entwicklung. Sie halten fest, dass sich das ECTS zunehmend zur allgemeinen Grundlage für nationale Leistungspunktsysteme entwickelt. Sie befürworten weitere Fortschritte mit dem Ziel, das ECTS zu einem System nicht nur für die Übertragbarkeit, sondern auch für die Kumulierung von Leistungspunkten weiterzuentwickeln, das mit der Herausbildung des Europäischen Hochschulraumes einheitlich angewendet werden soll.

Anerkennung von Abschlüssen: Einführung eines Systems leicht verständlicher und vergleichbarer Abschlüsse

Die Ministerinnen und Minister unterstreichen die Bedeutung des Lissabon-Abkommens über die Anerkennung von Studienabschlüssen, das von allen am Bologna-Prozess teilnehmenden Ländern ratifiziert werden sollte, und fordern die ENIC- und NARIC-Netzwerke sowie die zuständigen nationalen Behörden auf, die Umsetzung des Abkommens zu unterstützen.

Sie geben als Ziel vor, dass alle Studierenden, die ab 2005 ihr Studium abschließen, das Diploma Supplement automatisch und gebührenfrei erhalten sollen. Es sollte in einer weit verbreiteten europäischen Sprache ausgestellt werden.

Sie appellieren an Hochschulen und Arbeitgeber, die Anwendungsmöglichkeiten des Diploma Supplement voll auszuschöpfen, um Nutzen aus der größeren Transparenz und Flexibilität der Hochschulabschlüsse zu ziehen sowie die

127

Beschäftigungschancen zu fördern und die akademische Anerkennung für weitere Studien zu erleichtern.

Hochschulen und Studierende

Die Ministerinnen und Minister begrüßen das Engagement der Hochschulen und der Studierenden für den Bologna-Prozess und würdigen die Tatsache, dass es letztlich die aktive Mitwirkung aller am Prozess Beteiligten ist, die seinen langfristigen Erfolg sichert.

Im Bewusstsein des Beitrags, den starke Hochschulen zur wirtschaftlichen und gesellschaftlichen Entwicklung zu leisten vermögen, erkennen die Ministerinnen und Minister an, dass die Hochschulen in die Lage versetzt werden müssen, über ihre interne Organisation und Verwaltung zu entscheiden. Sie rufen die Hochschulen ferner auf zu gewährleisten, dass die Reformen vollständig in die zentralen institutionellen Funktionen und Abläufe integriert werden.

Die Ministerinnen und Minister nehmen die konstruktive Mitwirkung studentischer Vereinigungen am Bologna-Prozess zur Kenntnis und betonen die Notwendigkeit, die Studierenden fortlaufend und frühzeitig in die weiteren Aktivitäten einzubeziehen.

Studierende sind gleichberechtigte Partner bei Hochschul-steuerungsprozessen. Die Ministerinnen und Minister stellen fest, dass gesetzliche Vorgaben auf nationaler Ebene für die Gewährleistung studentischer Mitwirkung im gesamten Europäischen Hochschulraum weitgehend vorhanden sind. Sie rufen die Hochschulen und Studierenden ferner auf, Möglichkeiten zu finden, die tatsächliche Beteiligung der Studierenden an Hochschulsteuerungsprozessen zu verstärken.

Die Ministerinnen und Minister unterstreichen die Notwendigkeit geeigneter Studien- und Lebensbedingungen für die Studierenden, damit sie ihre Studien in angemessenem Zeitrahmen und erfolgreich abschließen können, ohne auf Hindernisse zu stoßen, die auf ihre soziale und wirtschaftliche Situation zurückzuführen sind. Ferner betonen sie die Notwendigkeit, mehr vergleichbare Daten zur sozialen und wirtschaftlichen Lage von Studierenden zu erheben.

Förderung der europäischen Dimension im Hochschulbereich

Die Ministerinnen und Minister nehmen zur Kenntnis, dass als Folge ihrer in Prag ausgesprochenen Aufforderung weitere Module, Studiengänge und Lehrpläne mit europäischem Bezug, europäischer Ausrichtung oder Organisation derzeit entwickelt werden. Sie stellen fest, dass Hochschulen in verschiedenen europäischen Ländern Initiativen zur Zusammenführung ihrer wissenschaftlichen Ressourcen und kulturellen Traditionen ergriffen haben, um die Entwicklung integrierter Studiengänge und gemeinsamer Abschlüsse auf der ersten, zweiten und dritten Stufe zu fördern.

Ferner unterstreichen sie die Notwendigkeit, in Gemeinsamen Studienprogrammen einen erheblichen Teil der Studienzeit für ein Auslandsstudium vorzusehen sowie ein geeignetes Angebot für die sprachliche Vielfalt und den Fremdsprachenerwerb sicherzustellen, damit Studierende ihr Potenzial, zu europäischer Identität, Staatsbürgerschaft und Beschäftigungsfähigkeit zu gelangen, voll verwirklichen können.

Die Ministerinnen und Minister vereinbaren, sich auf nationaler Ebene für die Beseitigung rechtlicher Hindernisse bei der Einrichtung und Anerkennung solcher Abschlüsse einzusetzen und die Entwicklung angemessener Qualitätssicherungsverfahren für integrierte Curricula, die zu gemeinsamen Abschlüssen führen, aktiv zu fördern.

Steigerung der Attraktivität des Europäischen Hochschulraumes

Die Ministerinnen und Minister sind sich einig, dass die Attraktivität und Offenheit des europäischen Hochschulwesens gesteigert werden müssen. Sie bekräftigen ihre Bereitschaft, Förderprogramme für Studenten aus Drittländern weiter zu entwickeln.

Die Ministerinnen und Minister erklären, dass der länder-übergreifende Austausch im Hochschulbereich auf der Grundlage akademischer Qualität und Werte erfolgen sollte, und vereinbaren, sich in allen geeigneten Foren für dieses Ziel einzusetzen. Wo immer dies angemessen erscheint, sollten auch die Sozial- und Wirtschaftspartner solchen Foren angehören.

Sie unterstützen die Zusammenarbeit mit Regionen in anderen Teilen der Welt durch die Öffnung der Bologna-Seminare und Konferenzen für Vertreter aus diesen Regionen.

Lebenslanges Lernen

Die Ministerinnen und Minister unterstreichen den bedeutenden Beitrag der Hochschulbildung für die Verwirklichung des Lebenslangen Lernens. Sie unternehmen Schritte zur Anpassung ihrer nationalen Politiken, um dieses Ziel zu erreichen, und sie fordern alle Hochschulen sowie alle Betroffenen auf, die Möglichkeiten für Lebenslanges Lernen auf Hochschulebene, einschließlich der Anerkennung früher erworbener Kenntnisse, zu verbessern. Sie betonen, dass derartige Maßnahmen wesentlicher Bestandteil der Tätigkeiten von Hochschulen sein müssen.

Die Ministerinnen und Minister rufen ferner alle, die mit der Arbeit an Qualifikationsrahmen für den Europäischen Hochschulraum befasst sind, dazu auf, das breite Spektrum flexibler Studienverläufe, -möglichkeiten und -techniken zu berücksichtigen und das ECTS-System angemessen zu nutzen.

Sie unterstreichen die Notwendigkeit, allen Bürgern, je nach ihren Wünschen und Fähigkeiten, lebenslange Lernverläufe hin zur Hochschulbildung und innerhalb der Hochschulbildung zu ermöglichen.

Weitere Maßnahmen

Europäischer Hochschul- und Forschungsraum zwei Säulen der Wissensgesellschaft

Im Bewusstsein der Notwendigkeit, in einem Europa des Wissens eine engere Verbindung zwischen dem Europäischen Hochschulraum und dem Europäischen Forschungsraum zu fördern, und der Bedeutung der Forschung als wesentlichem Bestandteil der Hochschulbildung in ganz Europa, halten es die Ministerinnen und Minister für erforderlich, über die gegenwärtige Beschränkung auf die zwei Hauptzyklen der Hochschulbildung hinauszugehen und die Doktorandenausbildung als dritten Zyklus in den Bologna Prozess einzubeziehen.

Sie betonen die Bedeutung der Forschung und der wissenschaftlichen Ausbildung sowie die Förderung der Interdisziplinarität für den Erhalt und die Verbesserung der Qualität von Hochschulbildung sowie, ganz allgemein, für die Stärkung der Wettbewerbsfähigkeit europäischer Hochschulbildung. Die Ministerinnen und Minister fordern eine verstärkte Mobilität in der Promotionsphase und danach und regen die betroffenen Hochschulen an, ihre Kooperation in der Ausbildung von Doktoranden und wissenschaftlichem Nachwuchs auszubauen.

Die Ministerinnen und Minister werden die notwendigen Anstrengungen unternehmen, um die europäischen Hochschulen noch attraktiver und noch effizienter zu machen. Daher rufen sie die Hochschulen auf, den Stellenwert von Forschung zu erhöhen und ihrer Bedeutung für die technologische, soziale und kulturelle Entwicklung und für die Bedürfnisse der Gesellschaft mehr Nachdruck zu verleihen.

Die Ministerinnen und Minister sind sich bewusst, dass diesen Zielen Hindernisse entgegenstehen und diese nicht von den Hochschulen allein überwunden werden können. Dies bedarf nachdrücklicher, auch finanzieller Unterstützung und entsprechender Beschlüsse der nationalen Regierungen und europäischen Instanzen.

Schließlich erklären die Ministerinnen und Minister, dass Netzwerke auf der Ebene der Doktorandenausbildung unterstützt werden sollten, um das Entstehen von Exzellenz zu fördern und diese Netze zum besonderen Merkmal des Europäischen Hochschulraumes zu machen.

Bestandsaufnahme

Im Hinblick auf die für 2010 gesetzten Ziele wird erwartet, dass Maßnahmen getroffen werden, um eine Bestandsaufnahme der im Bologna-Prozess erzielten Fortschritte zu ermöglichen. Eine Halbzeitbilanz würde verlässliche Angaben dazu liefern, wie der Prozess vorankommt und die Möglichkeit bieten, gegebenenfalls korrigierende Maßnahmen zu ergreifen.

Die Ministerinnen und Minister beauftragen die Follow-up-Gruppe, eine Bestandsaufnahme für die Konferenz im Jahr 2005 vorzubereiten sowie die Erarbeitung detaillierter Berichte über die erzielten Fortschritte und die Umsetzung der für die beiden nächsten Jahre gesetzten mittelfristigen Schwerpunkte zu veranlassen:

- Qualitätssicherung

- Zweistufiges Studiensystem

- Anerkennung der Studienabschlüsse und -abschnitte.

Die teilnehmenden Länder erklären sich ferner bereit, im Zusammenhang mit Forschungen zu den Zielen des Bologna-Prozesses Zugang zu den erforderlichen Informationen zu gewähren. Der Zugang zu Datenbanken zur laufenden Forschung und ihren Ergebnissen soll erleichtert werden.

Fortführung des Prozesses

Neue Mitglieder

Die Ministerinnen und Minister halten es für erforderlich, die Klausel im Prager Kommuniqué über die Mitgliedschaft wie folgt umzuformulieren:

Staaten, die Vertragspartei des Europäischen Kulturabkommens sind, steht die Mitgliedschaft im Europäischen Hochschulraum offen, vorausgesetzt, sie erklären sich bereit, in ihrem eigenen Hochschulwesen die Ziele des Bologna-Prozesses zu verfolgen und umzusetzen. Ihre Anträge sollten Angaben darüber enthalten, wie sie die Grundsätze und Ziele der Erklärung umzusetzen gedenken.

Die Ministerinnen und Minister beschließen, den Anträgen von Albanien, Andorra, Bosnien und Herzegowina, des Heiligen Stuhls, von Russland, Serbien und Montenegro sowie der „Ehemaligen Jugoslawischen Republik Mazedonien" statt zu geben und diese Länder als neue Mitglieder willkommen zu heißen; somit umfasst der Prozess nunmehr 40 europäische Staaten.

Die Ministerinnen und Minister erkennen an, dass die Teilnahme am Bologna-Prozess erhebliche Veränderungen und Reformen für alle Signatarstaaten mit sich bringt. Sie vereinbaren, die neuen Unterzeichnerstaaten bei diesen Veränderungen und Reformen zu unterstützen und sie in die wechselseitigen Erörterungen und Unterstützungsmaßnahmen, die zum Bologna-Prozess gehören, einzubeziehen.

Struktur des Folgeprozesses

Die Ministerinnen und Minister betrauen eine Follow-up-Gruppe mit der Umsetzung aller im Kommuniqué angesprochenen Fragen, der Gesamtleitung des Bologna-Prozesses sowie der Vorbereitung des nächsten Ministertreffens. Diese setzt sich aus Vertretern aller Mitglieder des Bologna-Prozesses und der Europäischen

Kommission zusammen. Der Europarat, die EUA, EURASHE, ESIB und UNESCO/CEPES gehören ihr als beratende Mitglieder an. Diese Gruppe, die mindestens zweimal jährlich tagen sollte, wird von der EURatspräsidentschaft geleitet. Das Land, das die nächste Ministerkonferenz ausrichtet, hat den stellvertretenden Vorsitz.

Ein Ausschuss, der ebenfalls von der EU-Ratspräsidentschaft geleitet wird, koordiniert die Arbeiten zwischen den Treffen der Follow-up-Gruppe. Der Ausschuss besteht aus dem Vorsitz, dem Gastgeberland der nächsten Ministerkonferenz als stellvertretendem Vorsitz, den vorigen und künftigen Ratspräsidentschaften, drei teilnehmenden Ländern, die von der Follow-up-Gruppe für ein Jahr gewählt werden, der Europäischen Kommission sowie dem Europarat, der EUA, EURASHE, ESIB und UNESCO/CEPES als beratenden Mitgliedern. Die Follow-up Gruppe wie auch der Ausschuss können nach ihrem Ermessen Ad-hoc-Arbeitsgruppen einberufen.

Die gesamten Arbeiten der Folgemaßnahmen werden von einem Sekretariat unterstützt, das von dem Land, das die nächste Ministerkonferenz ausrichtet, gestellt wird.

Die Follow-up-Gruppe wird aufgefordert, bei ihrer ersten Sitzung nach der Berliner Konferenz die Zuständigkeiten des Ausschusses und die Aufgaben des Sekretariats näher zu bestimmen.

Arbeitsprogramm 2003-2005

Die Ministerinnen und Minister beauftragen die Follow-up-Gruppe, die Aktivitäten für den Fortgang des Bologna-Prozesses entsprechend den in diesem Kommuniqué genannten Themen und Maßnahmen zu koordinieren und beim nächsten Ministertreffen im Jahr 2005 darüber zu berichten.

Nächste Konferenz

Die Ministerinnen und Minister beschließen, die nächste Konferenz für Mai 2005 in Bergen (Norwegen) einzuberufen.

Übersetzung aus dem Englischen. Quelle: BMBF.

133

6.7. *Bergen Kommuniqué*

Der europäische Hochschulraum – die Ziele verwirklichen

Kommuniqué der Konferenz der für die Hochschulen zuständigen europäischen Ministerinnen und Minister, Bergen, 19.-20. Mai 2005

Wir, die für die Hochschulen zuständigen Ministerinnen und Minister der am Bologna-Prozess beteiligten Länder, haben uns getroffen, um eine Zwischenbilanz vorzunehmen und die Ziele und Prioritäten bis 2010 zu definieren. Bei dieser Konferenz haben wir Armenien, Aserbaidschan, Georgien, Moldau und Ukraine als neue Teilnehmer am Bologna-Prozess begrüßt. Wir teilen das gemeinsame Verständnis der in der Bologna-Erklärung und den nachfolgenden Kommuniqués der Ministerkonferenzen von Prag und Berlin dargelegten Grundsätze, Ziele und Verpflichtungen des Prozesses. Wir bekräftigen unsere Entschlossenheit, die Politiken unserer Länder im Rahmen des Bologna-Prozesses zu koordinieren, um bis 2010 einen Europäischen Hochschulraum (EHR) zu schaffen, und wir verpflichten uns, die neuen Teilnehmerländer bei der Umsetzung der Ziele des Prozesses zu unterstützen.

I. Partnerschaft

Wir unterstreichen die zentrale Rolle der Hochschulen, ihrer Mitarbeiter und der Studierenden als Partner im Bologna-Prozess. Ihrer Rolle bei der Umsetzung des Prozesses kommt jetzt eine um so größere Bedeutung zu, als die notwendigen Reformen in der Gesetzgebung weitgehend erfolgt sind, und wir ermutigen sie, ihre Bemühungen zur Errichtung des EHR fortzusetzen und zu verstärken. Wir begrüßen, dass sich Hochschulen in ganz Europa zu dem Prozess bekennen, und wir sind uns bewusst, dass es Zeit erfordert, um die Lehrpläne den strukturellen Veränderungen optimal anzupassen und auf diese Weise die Einführung der innovativen Lehr- und Lernprozesse sicherzustellen, die Europa braucht.

Wir begrüßen die Unterstützung von Organisationen, die die Wirtschaft und die Sozialpartner vertreten im Hinblick auf eine intensivere Kooperation zur Verwirklichung der Ziele des Bologna-Prozesses. Ferner begrüßen wir die Beiträge der internationalen Institutionen und Organisationen, die als Partner am Prozess beteiligt sind.

II. Bestandsaufnahme

Wir stellen fest, dass bedeutende Fortschritte bei der Umsetzung unserer Ziele erreicht wurden, wie dies in dem General Report 2003-2005 der Follow-up-Gruppe, in dem Bericht *Trends IV* der EUA sowie in dem Bericht *Bologna with Student Eyes* von ESIB dargestellt ist.

Anlässlich der Konferenz in Berlin haben wir die Follow-up-Gruppe um eine Zwischenbilanz gebeten, die sich auf drei Prioritäten konzentrieren sollte – Studienstruktur, Qualitätssicherung, Anerkennung von Studienabschlüssen und -abschnitten. Die Bilanz (*stocktaking report*) zeigt, dass in diesen drei Schwerpunktbereichen bereits erhebliche Fortschritte erzielt wurden. Es ist nun wichtig sicherzustellen, dass in allen teilnehmenden Ländern ein vergleichbarer Fortschritt zu verzeichnen ist. Daher sehen wir die Notwendigkeit eines verstärkten Informationsaustauschs, um sowohl auf Hochschul- als auch auf Regierungsebene entsprechende Fachkompetenz aufzubauen.

Studienstruktur

Wir stellen mit Genugtuung fest, dass das zweistufige Studiensystem weitgehend eingeführt worden und in den meisten Ländern bereits mehr als die Hälfte der Studierenden in diesen Studiengängen eingeschrieben ist. Allerdings gibt es beim Übergang zwischen den Studiengängen noch einige Hindernisse. Außerdem besteht Bedarf an einem verstärkten Dialog zwischen Regierungen, Hochschulen und Sozialpartnern, um die Beschäftigungsfähigkeit von Absolvierenden mit Bachelorabschluss, auch im Hinblick auf entsprechenden Positionen im öffentlichen Dienst, zu fördern.

Wir stimmen dem übergreifenden Qualifikationsrahmen im EHR zu, der drei Zyklen umfasst (einschließlich – innerhalb des jeweiligen nationalen Kontextes – der Möglichkeit von Zwischenstufen), und für jede Stufe allgemeine Deskriptoren auf der Grundlage von Lernergebnissen und Kompetenzen, und Bandbreiten für Leistungspunkte (credit ranges) in der ersten und zweiten Stufe. Wir verpflichten uns, bis 2010 nationale

Qualifikationsrahmen zu erarbeiten, die mit dem übergreifenden Qualifikationsrahmen im EHR kompatibel sind, und bis 2007 mit der Arbeit daran zu beginnen. Wir fordern die Follow-up-Gruppe auf, über die Umsetzung und Weiterentwicklung des übergreifenden Qualifikationsrahmens zu berichten.

Wir unterstreichen die Wichtigkeit, die Komplementarität zwischen dem übergreifenden Qualifikationsrahmen des EHR und dem vorgeschlagenen breiteren Qualifikationsrahmen für das die allgemeine Bildung und die Berufsbildung umfassende Lebenslange Lernen zu gewährleisten, der gegenwärtig in der Europäischen Union und zwischen den teilnehmenden Ländern entwickelt wird. Wir fordern die Europäische Kommission auf, die laufenden Aktivitäten umfassend mit allen am Bologna-Prozess beteiligten Parteien abzustimmen.

Qualitätssicherung

Fast alle Länder haben auf der Grundlage der Kriterien, die im Berlin-Kommuniqué dargelegt sind, Vorkehrungen für ein System zur Qualitätssicherung getroffen und dabei in hohem Maß zusammengearbeitet und Netzwerke gebildet. Allerdings sind weitere Fortschritte erforderlich, namentlich hinsichtlich der Beteiligung der Studierenden und der internationalen Zusammenarbeit. Darüber hinaus fordern wir die Hochschulen auf, sich weiterhin um die Verbesserung der Qualität ihrer Aktivitäten zu bemühen, indem sie systematisch interne Mechanismen einführen und diese unmittelbar mit externer Qualitätssicherung koppeln.

Wir stimmen den von ENQA vorgeschlagenen Standards und Leitlinien für die Qualitätssicherung im Europäischen Hochschulraum zu. Wir verpflichten uns, unter Berücksichtigung der gemeinsam angenommenen Leitlinien und Kriterien, das vorgeschlagene Modell für die Begutachtung (peer review) von Qualitätssicherungsagenturen auf nationaler Ebene einzuführen. Wir begrüßen das Prinzip eines europäischen Verzeichnisses der Qualitätssicherungsagenturen, das auf nationalen Zertifizierungen basiert.

Wir fordern, dass die praktischen Aspekte der Umsetzung von ENQA in Zusammenarbeit mit EUA, EURASHE und ESIB weiterentwickelt werden und dass uns über die Follow-up-Gruppe ein Bericht vorgelegt wird. Wir betonen die Bedeutung der

Zusammenarbeit zwischen den national anerkannten Agenturen, damit die gegenseitige Anerkennung von Akkreditierungs- und Qualitätssicherungsentscheidungen vorangetrieben werden kann.

Anerkennung von Studienabschlüssen und -abschnitten

Wir nehmen zur Kenntnis, dass bislang 36 der 45 beteiligten Länder die Lissabon-Konvention zur Anerkennung von Studienleistungen ratifiziert haben. Wir fordern diejenigen, die dies noch nicht getan haben, dringend auf, die Konvention unverzüglich zu ratifizieren. Wir verpflichten uns, für die vollständige Umsetzung ihrer Prinzipien Sorge zu tragen und sie entsprechend in nationales Recht umzusetzen. Wir appellieren an alle beteiligten Länder, sich mit den von den ENIC/NARIC-Netzen identifizierten Anerkennungsproblemen zu befassen. Wir werden nationale Aktionspläne erarbeiten, um die Qualität des Verfahrens zur Anerkennung ausländischer Studienleistungen zu verbessern. Diese Aktionspläne werden Bestandteil der Länderberichte für die nächste Ministerkonferenz sein. Wir unterstützen die Anhänge zum Lissabon-Abkommen und fordern alle nationalen Behörden und anderen Verantwortlichen auf, gemeinsame Abschlüsse, die in zwei oder mehr Ländern des Europäischen Hochschulraumes verliehen werden, anzuerkennen.

Wir sehen die Entwicklung nationaler und europäischer Qualifikationsrahmen als eine Möglichkeit, das Lebenslange Lernen stärker in der Hochschule zu verankern. Wir werden mit Hochschulen und anderen Akteuren daran arbeiten, die Anerkennung außerhalb der Hochschule erworbener Kenntnisse (prior learning) und nach Möglichkeit auch der Ergebnisse nicht-formalen und informellen Lernens im Hinblick auf den Hochschulzugang und die Anrechung im Studium zu verbessern.

III. Weitere Herausforderungen und Schwerpunkte Hochschulen und Forschung

Wir unterstreichen die Bedeutung der Hochschulen bei der weiteren Stärkung der Forschung sowie die Bedeutung der Forschung für die Hochschulen in ihrer zentralen Rolle für die Förderung der wirtschaftlichen und kulturellen Entwicklung und des sozialen Zusammenhalts unserer Gesellschaften. Wir stellen fest, dass die Anstrengungen zur Durchführung struktureller Veränderungen und zur Steigerung der Qualität der Lehre nicht auf Kosten der Stärkung von Forschung und Innovation gehen dürfen.

Wir unterstreichen die Bedeutung, die Forschung und wissenschaftliche Ausbildung für die Erhaltung und Verbesserung der Qualität sowie für die Steigerung der Wettbewerbsfähigkeit und Attraktivität des EHR haben. Um bessere Ergebnisse zu erzielen, halten wir es für notwendig, die Synergie zwischen dem Hochschulbereich und anderen Forschungsbereichen in unseren jeweiligen Ländern sowie zwischen dem EHR und dem Europäischen Forschungsraum zu verstärken.

Um diese Ziele zu erreichen, müssen die Abschlüsse auf der Ebene des Doktorats anhand eines ergebnisbasierten Ansatzes an den übergeordneten Qualifikationsrahmen des Europäischen Hochschulraums angepasst werden. Das Kernelement der Doktorandenausbildung ist die Förderung des Wissens durch originäre Forschung. In Anbetracht des Bedarfs an strukturierten Promotionsstudiengängen und an transparenter Betreuung und Bewertung stellen wir fest, dass die übliche Arbeitsbelastung des dritten Zyklus in den meisten Ländern einem drei- bis vierjährigen Vollzeitstudium entspricht. Wir fordern die Universitäten auf sicherzustellen, dass im Rahmen der Promotionsphase die interdisziplinäre Ausbildung und die Entwicklung überfachlicher Fertigkeiten gefördert werden, die den Anforderungen eines weiter gefassten Arbeitsmarktes gerecht werden. Wir müssen erreichen, dass sich insgesamt mehr Doktoranden für eine Forschungslaufbahn im EHR entscheiden. Wir sehen die Teilnehmer im dritten Zyklus der Hochschulausbildung sowohl als Studierende als auch als Nachwuchswissenschaftler. Wir beauftragen die Bologna Follow-up-Gruppe damit, die European University Association zusammen mit anderen interessierten Partnern einzuladen, unter der Federführung der Follow-up-Gruppe einen Bericht zur Weiterentwicklung der Grundprinzipien von Doktorandenprogrammen zu erstellen, der den Ministerinnen und Ministern 2007 vorzulegen ist. Eine Überregulierung der Doktorandenausbildung ist zu vermeiden.

Die soziale Dimension

Die soziale Dimension des Bologna-Prozesses ist wesentlicher Bestandteil des EHR und eine notwendige Bedingung für die Attraktivität und Wettbewerbsfähigkeit des EHR. Wir verpflichten uns daher erneut, für alle einen gleichberechtigten Zugang zu qualitativ hochwertiger Hochschulbildung zu schaffen, und betonen die Notwendigkeit angemessener Studienbedingungen, so dass die Studierenden ihr Studium erfolgreich abschließen können, ohne dass soziale oder wirtschaftliche Gründe sie daran hindern. Die soziale Dimension beinhaltet staatliche Maßnahmen zur finanziellen und wirtschaftlichen Unterstützung insbesondere von sozial benachteiligten Studierenden sowie Beratungs- und Orientierungshilfen im Hinblick auf erweiterte Zugangsmöglichkeiten.

Mobilität

Wir sehen die Mobilität der Studierenden und des wissenschaftlichen Personals zwischen allen beteiligten Ländern weiterhin als eines der Hauptziele des Bologna-Prozesses. In dem Bewusstsein der vielen noch zu lösenden Probleme bekennen wir uns erneut zu unserer Aufgabe, die Mitnahme von Förderleistungen ggf. durch gemeinsame Maßnahmen zu erleichtern, damit Mobilität im EHR Realität wird. Wir intensivieren unsere Bemühungen zur Beseitigung von Hindernissen, indem wir die Ausstellung von Visa und Arbeitserlaubnis erleichtern und die Teilnahme an Mobilitätsprogrammen fördern. Wir fordern die Hochschulen und Studierenden dringend auf, die Mobilitätsprogramme intensiv zu nutzen, wobei wir uns für die vollständige Anerkennung von Auslandsstudien im Rahmen dieser Programme einsetzen.

Attraktivität des Europäischen Hochschulraums und Zusammenarbeit mit anderen Regionen der Welt

Der Europäische Hochschulraum muss offen sein und er sollte für andere Teile der Welt attraktiv sein. Unser Beitrag zur Erreichung des Ziels Bildung für alle sollte auf dem Prinzip der nachhaltigen Entwicklung gründen und den laufenden internationalen Aktivitäten zur Entwicklung von Leitlinien für ein Qualitätsangebot grenzüberschreitender Hochschulbildung entsprechen. Wir bekräftigen, dass in der internationalen Hochschulzusammenarbeit die wissenschaftliche Qualität Vorrang haben soll.

Wir sehen den Europäischen Hochschulraum als Partner von Hochschulsystemen in anderen Regionen der Welt, der einen ausgewogenen Austausch von Studierenden und wissenschaftlichem Personal sowie die Zusammenarbeit zwischen Hochschulen fördert. Wir betonen, dass interkulturelles Verständnis und Respekt wichtig sind. Es liegt uns daran, das

Verständnis des Bologna-Prozesses in anderen Kontinenten zu fördern, indem wir unsere Erfahrungen mit Reformprozessen mit benachbarten Regionen teilen. Wir betonen die Notwendigkeit des Dialogs zu Themenbereichen von beiderseitigem Interesse. Wir sehen die Notwendigkeit, Partnerregionen zu identifizieren und den Gedanken- und Erfahrungsaustausch mit diesen zu verstärken. Wir fordern die Follow-up-Gruppe auf, eine Strategie für die externe Dimension zu erarbeiten und abzustimmen.

IV. Bestandsaufnahme der Fortschritte für 2007

Wir beauftragen die Follow-up-Gruppe, die Bestandsaufnahme fortzuführen und zu erweitern und rechtzeitig zur nächsten Ministerkonferenz Bericht zu erstatten. Wir erwarten, dass sich die Bestandsaufnahme geeigneter Methoden bedient und in den Bereichen Studienstruktur, Qualitätssicherung und Anerkennung der Studienabschlüsse und -abschnitte weitergeführt wird, so dass wir bis 2007 die Umsetzung dieser drei intermediären Schwerpunkte weitgehend abgeschlossen haben werden.

Insbesondere erwarten wir Fortschritte in folgenden Bereichen:

- Umsetzung der Standards und Leitlinien für die Qualitätssicherung wie im ENQA Bericht vorgeschlagen;

- Umsetzung der nationalen Qualifikationsrahmen;

- Verleihung und Anerkennung gemeinsamer Abschlüsse, einschließlich bei Promotionen;

- Schaffung von flexiblen Lernangeboten im Hochschulbereich, einschließlich der Verfahren für die Anerkennung früher erworbener Kenntnisse.

Ferner beauftragen wir die Follow-up-Gruppe, vergleichbare Daten zur Mobilität des wissenschaftlichen Personals und der Studierenden sowie zur sozialen und wirtschaftlichen Lage der Studierenden in den beteiligten Ländern zu erheben, die als Grundlage für eine künftige Bestandsaufnahme und Berichterstattung für die nächste Ministerkonferenz dienen. In Zukunft ist bei Bestandsaufnahmen die soziale Dimension im oben definierten Sinne zu berücksichtigen.

V. Vorbereitung auf 2010

Auf der Grundlage dessen, was wir bisher im Bologna-Prozess erreicht haben, möchten wir einen Europäischen Hochschulraum errichten, der auf den Prinzipien Qualität und Transparenz gründet. In unserem Beitrag zur Wissensgesellschaft müssen wir unser reiches Erbe und unsere kulturelle Vielfalt in Ehren halten. Wir verpflichten uns, den Grundsatz der staatlichen Verantwortung für die Hochschulbildung im Kontext komplexer moderner Gesellschaften zu wahren. Hochschulen sind - an der Schnittstelle zwischen Forschung, Bildung und Innovation - der Schlüssel zu Europas Wettbewerbsfähigkeit. Mit Blick auf das Jahr 2010 verpflichten wir uns sicherzustellen, dass die Hochschulen über die für die Durchführung der vereinbarten Reformen erforderliche Autonomie verfügen, und bestätigen die Notwendigkeit einer nachhaltigen Finanzierung der Hochschulen.

Der Europäische Hochschulraum umfasst drei Zyklen, wobei jede Stufe die Studierenden auf den Arbeitsmarkt, weiteren Erwerb von Fachwissen und staatsbürgerliches Engagement vorbereiten soll. Weitere wesentliche strukturelle Merkmale des Europäischen Hochschulraumes sind der übergreifende Qualifikationsrahmen, die vereinbarteneuropäischen Standards und Leitlinien zur Qualitätssicherung sowie die Anerkennung von Studienabschlüssen und –abschnitten.

Wir bekennen uns zu der in Berlin vereinbarten Follow-up-Struktur, in die die paneuropäische Education International (EI), die European Association for Quality Assurance in Higher Education (ENQA) und die Union of Industrial and Employers' Confederations of Europe (UNICE) als neue beratende Mitglieder der Follow-up-Gruppe einzubeziehen sind. In Hinblick auf die Verwirklichung des Europäischen Hochschulraumes im Rahmen des Bologna-Prozesses müssen wir geeignete Maßnahmen in Betracht ziehen, um die Weiterentwicklung nach 2010 zu unterstützen; wir fordern die Follow-up-Gruppe auf, sich mit diesen Fragen zu befassen.

Die nächste Ministerkonferenz wird 2007 in London stattfinden.

45 Länder sind am Bologna-Prozess beteiligt und sind Mitglieder in der Bologna Follow-up-Gruppe: Albanien, Andorra, Armenien, Aserbaidschan, Belgien (flämische und französische Gemeinschaft), Bosnien und Herzegowina, Bulgarien, Dänemark,

Deutschland, Estland, Finnland, Frankreich, Georgien, Griechenland, der Heilige Stuhl, Island, Irland, Italien, Kroatien, Lettland, Liechtenstein, Litauen, Luxemburg, Malta, Moldau, Niederlande, Norwegen, Österreich, Polen, Portugal, Rumänien, die Russische Föderation, Serbien und Montenegro, Slowakische Republik, Slowenien, Spanien, Schweden, Schweiz, "die ehemalige jugoslawische Republik Mazedonien", Tschechische Republik, Türkei, Ukraine, Ungarn, Vereinigtes Königreich und Zypern. Außerdem ist die Europäische Kommission stimmberechtigtes Mitglied der Follow-up-Gruppe.

Der Europarat, die National Unions of Students in Europe (ESIB), die paneuropäische Education International (EI), die European Association for Quality Assurance in Higher Education (ENQA), die European University Association (EUA), die European Association of Institutions in Higher Education (EURASHE), das European Centre for Higher Education (UNESCO-CEPES) und die Union of Industrial and Employers' Confederations of Europe (UNICE) sind beratende Mitglieder der Follow-up-Gruppe.

Übersetzung aus dem Englischen. Quelle: BMBF

7. Literaturverzeichnis

Primärliteratur

Sorbonne-Erklärung. Gemeinsame Erklärung zur Harmonisierung der Architektur der europäischen Hochschulbildung, Paris am 25. Mai 1998.

Bologna-Deklaration. Gemeinsame Erklärung der Europäischen Bildungsminister, Bologna am 19. Juni 1999.

Prag Kommuniqué. Auf dem Wege zum europäischen Hochschulraum, Prag am 19. Mai 2001.

Berlin Kommuniqué. Den Europäischen Hochschulraum verwirklichen, Berlin am 19. September 2003

Bergen Kommuniqué. Der europäische Hochschulraum – die Ziele erreichen, Bergen am 19.-20. Mai 2005.

Adam, Stephen: International Seminar on Credit Accumulation and Transfer Systems. Conference Report, Leiria 2000.

Adam, Stephen: Transnational Education Project. Report and Recommendations, o.O. 2001.

Bologna Seminar in Employability in the context of the Bologna process. General Conclusions and recommendations, Bled am 21.-23. Oktober 2004.

Bologna Seminar on Bachelor's Degree: What is it. Conclusions and recommendations, St. Petersburg am 25.-26. November 2004.

Bologna Process Stocktaking. Report from a working group appointed by the Bologna Follow-up Group to the Conference of European Ministers Responsible for Higher Education, Bergen am 19.-20. Mai 2005.

Bund-Länder-Kommission für Bildungsplanung und Forschungsförderung: Gemeinsame Position zur europäischen Bildungspolitik. Beschlussfassung der Kommission vom 17. Juni 1996, Bonn 1996.

Bund-Länder-Kommission für Bildungsplanung und Forschungsförderung (Hrsg.): Modularisierung in Hochschulen. Handreichung zur Modularisierung und Einführung von Bachelor-

und Masterstudiengängen. Erste Erfahrungen und Empfehlungen aus dem BLK-Programm „Modularisierung", Bonn 2002.

Convention on the recognition of qualifications concerning higher education in the european region, Lissabon am 11. April 1997.

Council of Europe: Bologna for Pedestrians, in: http://www.coe.int/T/DG4/HigherEducation/EHEA2010/BolognaP edestrians_en.asp (18.08.2005).

Council of Europe: The ENIC Network, in: http://www.coe.int/T/ DG4/HigherEducation/Recognition/ENIC_en.asp (21.08.2005).

Deutscher Akademischer Austausch Dienst: Study and Research in Germany, in: http://www.daad.de/deutschland/studium/hochschulfuehrer/00582. en.html (17.08.2005)

Directorate-General for Education and Culture: ECTS User' Guide. European Credit Transfer and Accumulation System and the Diploma Supplement, Brüssel 2005.

ESIB: ESIB and the Bologna Process - creating a European Higher Education Area for and with students, in: http://www.esib.org/policies/esibbologna.htm (21.08.2005).

European Association for Quality Assurance in Higher Education: Standards and Guidelines for Quality Assurance in the European Higher Education Area, Helsinki 2005.

European Commission: From Prague to Berlin. The EU Contribution, Brüssel 2001.

European Commission: From Prague to Berlin. The EU Contribution. Progress Report, Brüssel 2002.

European Commission: From Prague to Berlin. The EU Contribution. Second Progress Report, Brüssel 2003.

European Commission: From Berlin to Bergen. The EU Contribution, Brüssel 2003.

European Commission: Realising the European Higher Education Area. Contribution of the European Commission, Brüssel 2003.

European Commission: From Berlin to Bergen. The EU Contribution. Progress Report, Brüssel 2005.

European Commission: ECTS - European Credit Transfer and Accumulation System, in: http://europa.eu.int/comm/education/ programmes/socrates/ects_en.html (17.08.2005).

Europäische Kommission: Übergang von Sokrates I zu Sokrates II, in: http://europa.eu.int/comm/education/programmes/socrates/transitio n_de.html (21.05.2005).

European Network of Information Centres; National Academic Recognition Information Centres: About us, in: http://www.enic-naric.net/index.asp?display=About (21.08.2005).

European Parliament: European Council Lisbon. Conclusions of the presidency, o.O. 2000, in: http://www.europarl.eu.int/bulletins/pdf/1s2000en.pdf (10.09.2005).

European University Association: Articles of Association for the European University Association, in: http://www.eua.be/eua/jsp/en/upload/EUA_Articles_en.106879777 4115.pdf (30.08.2005).

European University Association: Credit Transfer and Accumulation – the Challenge for Institutions and Students. Conclusions and Recommendations for Action, Zürich am 11.-12. Oktober 2002.

European University Association: Graz Declaration 2003. Forward from Berlin: the Role of the Universities, Graz am 4. Juli 2003, S.9

Eurodyce (Hrsg.): Im Blickpunkt: Strukturen des Hochschulbereichs in Europa 2003/2004, Brüssel 2003.

Haug, Guy; Kirstein, Jette: Project Report. Trends in Learning Structures in Higher Education. o.O. 1999.

Haug, Guy; Tauch, Christian: Towards the European higher education area: survey of main reforms from Bologna to Prague, o.O. 2001.

Higher Education and Research Committee: The Council of Europe contribution to the Bologna Process, Strasburg 2002.

Hochschulrektorenkonferenz: Arbeitsbericht 1991, Bonn 1991.

Hochschulrektorenkonferenz: Konzepte für die Entwicklung der Hochschulen in Deutschland, Bonn 1992a.

Hochschulrektorenkonferenz: EG-Hochschulmemorandum und Credit Transfer in Europa, Bonn 1993.

Hochschulrektorenkonferenz: Gegenwart der Hochschule – Zukunft der Gesellschaft, Braunschweig 1995.

Hochschulrektorenkonferenz: Hochschule und Wirtschaft als Partner in Weiterbildung und Wissenstransfer auf dem europäischen Arbeitsmarkt, Bonn 1996a.

Hochschulrektorenkonferenz: Attraktivität durch internationale Kompatibilität. Zur Zulassung insbesondere zu ausländischer Studierender zu Graduierten- und Promotionsstudien in Deutschland, Berlin 1996b.

Hochschulrektorenkonferenz (Hrsg.): Bologna-Reader. Texte und Hilfestellungen zur Umsetzung der Ziele des Bologna-Prozesses an deutschen Hochschulen, 3.Auflage, Bonn 2005.

International Conference on Master-level Degrees. Conclusions and Recommendations of the Conference, Helsinki am 14.-15. März 2003.

International Seminar on Bachelor-Level Degrees. Conclusions and Recommendations of the Seminar to the Prague Higher Education Summit, Helsinki am 16.-17. Februar 2001.

Italian Presidency of the Bologna Follow-Up: Bologna Follow-Up Group. Responsibilities of the Board – Tasks of the Secretariat, Rom am 14. November 2003.

Joint Quality Initative: Internationalisation of quality assurance and accreditation. Workshop, Maastricht am 24.-25. September 2001.

Kultusministerkonferenz: Ländergemeinsame Strukturvorgaben gemäß § 9 Abs. 2 HRG für die Akkreditierung von Bachelor- und Masterstudiengängen, Beschluss der Kultusministerkonferenz vom 10. Oktober 2003.

Kultusministerkonferenz: 10 Thesen zur Bachelor- und Masterstruktur in Deutschland. Beschluss der Kultusministerkonferenz vom 12. Juni 2003.

Kultusministerkonferenz: Laufbahnrechtliche Zuordnung von Bachelor-/Bakkalaureus- und Master-/Magisterabschlüssen gem. § 19 HRG, Beschluss der Kultusministerkonferenz vom 14.04.2000.

Lourtie, Pedro: Furthering the Bologna Process. Report to the Ministers of Education of the signatory countries, Prague 2001.

Merger Agreement between the Association of European Universities (CRE) and the Confederation of European Union Rectors' Conferences, Salamanca am 31. März 2001.

Nyborg, Per: Recognition and Challenges to the Bologna Process. International seminar on Recognition Issues in the Bologna Process, Lissabon 2002, in: http://www.uhr.no/internasjonaltsamarbeid/utskrifter/BOL%20cha ll.htm (16.08.2005), nicht pag.

Nyborg, Per: The Bologna-Process and UNICE, o.O. 2004a.

Nyborg, Per: The Bologna Process and its Bodies: How does it all work?, o.O. 2004b.

Purser, Lewis: International Seminar on Recognition Issues in the Bologna process. Recommendations, Strasburg 2002.

Siegers, Josef: Europäisierung des Arbeitsmarktes, Globalisierung des Gütermarktes und Kooperation zwischen Hochschulen und Wirtschaft, in: Hochschulrektorenkonferenz: Hochschule und Wirtschaft als Partner in Weiterbildung und Wissenstransfer auf dem europäischen Arbeitsmarkt, Bonn 1996a.

Statement by the ENIC and NARIC Networks on the European Higher Education Area. Vaduz Statement, Vaduz am 18.-20. Mai 2003.

Students and universities: An academic community on the move. EUA and ESIB Joint Declaration, Paris am 6. März 2002.

The European Higher Education Area beyond 2010, Meeting of the BFUG, Brüssel am 26.-27. April 2005.

Tovar, Edmundo: Analysing the Problems of the Implementation of the European Credit Transfer System in a Technical University, 34th ASEE/IEEE Frontiers in Education Conference, Savannah am 20.-23. Oktober 2004.

Union des Industries de la Communauté européenne: For Education and Training Policies which foster Competitiveness and Employment. UNICE's Seven Priorities, o.O. 2000.

Vukasovic, Martina: International Seminar on Employability in the context of the Bologna Process. General conclusions and recommendations, Bled 2004.

Westdeutsche Rektorenkonferenz (Hrsg.): Die Zukunft der Hochschulen. Überlegungen für eine zukunftsorientierte Hochschulpolitik, Bonn 1988.

Wissenschaftsrat: Empfehlung zur Neuordnung des Studiums an den wissenschaftlichen Hochschulen, Bonn 1966.

Wissenschaftsrat: Empfehlungen für die Planung des Personalbedarfs der Universitäten, Köln 1991.

Wissenschaftsrat: 10 Thesen zur Hochschulpolitik, Köln 1993.

Sekundärliteratur

Anweiler, Oskar; Boos-Nünning, Ursula; Brinkmann, Günter, Glowka, Detlef; Goetze, Dieter; Hörner, Wolfgang; Kuebart, Friedrich; Schäfer, Hans-Peter: Bildungssysteme in Europa. Entwicklung und Struktur des Bildungswesens in zehn Ländern: Deutschland, England, Frankreich, Italien, Niederlande, Polen, Russland, Schweden, Spanien, Türkei, 4. Auflage, Basel 1996.

Becker, Helle: Zielgruppenerweiterung und europäische Bildungsprogramme – Systematische Wege für die europapolitische Bildung, in: Jopp, Mathias; Maurer, Andreas; Schneider, Heinrich (Hrsg.): Europapolitische Grundverständnisse im Wandel. Analysen und Konsequenzen für die politische Bildung, Bonn 1998.

Bektchieva, Jana: Die europäische Bildungspolitik nach Maastricht, Münster 2004.

Benz, Winfried; Kohler, Jürgen; Landfried, Klaus (Hrsg.): Handbuch Qualität in Studium und Lehre. Evaluation nutzen - Akkreditierung sichern - Profil schärfen, Berlin 2004.

Blanke, Hermann-Josef: Europa auf dem Weg zu einer Bildungs- und Kulturgemeinschaft, Köln 1994.

Böck, Michael: Deutsches Bildungsverwaltungsrecht und Europa. Der Einfluß des Europarechts auf das deutsche Bildungsverwaltungsrecht, Baden-Baden 1994.

Briedis, Kolja: Der Bachelor als Sprungbrett? Erste Ergebnisse zum Verbleib von Absolventen mit Bachelorabschluss, in: Leszczensky, Michael; Wolter, Andrä: Der Bologna-Prozess im Spiegel der HIS-Hochschulforschung, Hannover 2005.

Cludius, Stefan: Die Kompetenzen der Europäischen Gemeinschaft für den Bereich der Bildungspolitik, Frankfurt a.M [u.a.] 1995.

Dahrendorf, Ralf: Forschung, Wissenschaft und Bildung. Wissenschaftliche und technische Informationen. Arbeitsprogramm, Brüssel 1973.

Dohmes, Johannes: Die Bedeutung des Europarates für Deutschland, in: Holtz, Uwe (Hrsg.): 50 Jahre Europarat, Baden-Baden 2000.

Ehlert, Holger; Welbers, Ulrich (Hrsg.): Handbuch Praxisinitiativen an Hochschulen, Neuwied 1999.

Ehlert, Holger [u.a.]: Praxisinitiativen an deutschen Universitäten, in: Ehlert, Holger; Welbers, Ulrich (Hrsg.): Handbuch Praxisinitiativen an Hochschulen, Neuwied 1999.

Emmert, Frank: Europarecht, München 1996.

Eurodyce (Hrsg.): Im Blickpunkt: Strukturen des Hochschulbereichs in Europa 2003/2004, Brüssel 2003.

Europäische Kommission: Die Zusammenarbeit im Bildungsbereich in der Europäischen Union, Luxemburg 1994.

Europäische Kommission: Weißbuch "Lehren und Lernen – Auf dem Weg zur kognitiven Gesellschaft", Luxemburg 1996.

Europäische Kommission: Sokrates. Gemeinschaftliches Aktionsprogramm im Bereich der allgemeinen Bildung (2000-2006). Neue Horizonte für die Bildung, Luxemburg 2002.

Europäische Kommission: Europäisches System zur Übertragung und Akkumulierung von Studienleistungen (ECTS). Kernpunkte, Luxemburg 2004.

Friedrich, Hans Rainer: Neuere Entwicklungen und Perspektiven des Bologna-Prozesses, HoF-Arbeitsberichte 4'02, Wittenberg 2002.

Friedrich, Hans Rainer: Nationale und internationale Grundlagen der Qualitätssicherung an Hochschulen, in: Benz, Winfried; Kohler, Jürgen; Landfried, Klaus (Hrsg.): Handbuch Qualität in Studium und Lehre. Evaluation nutzen - Akkreditierung sichern - Profil schärfen, Berlin 2004, Abschnitt A 2.1.

Fuchs, Hans-Werner; Reuter, Lutz: Bildungspolitik in Deutschland. Entwicklungen, Probleme, Reformbedarf, Opladen 2000.

Fürst, Andreas: Die Bildungspolitischen Kompetenzen der Europäischen Gemeinschaft. Umfang und Entwicklungsmöglichkeiten, Frankfurt am Mai 1999.

Gallwas, Hans-Ulrich: Bildungsföderalismus in der Europäischen Gemeinschaft unter rechtlichen Aspekten, München 1991.

Grühn, Dieter: Praxisorientierung in Bachelorstudiengängen, in: Welbers, Ulrich (Hrsg.): Studienreform mit Bachelor und Master. Gestufte Studiengänge im Blick des Lehrens und Lernens an Hochschulen, Neuwied [u.a.] 2001.

Herzog, Roman: Aufbruch in der Bildungspolitik, in: Rutz, Michael (Hrsg.): Aufbruch in der Bildungspolitik. Roman Herzogs Rede und 25 Antworten, München 1997.

Hilpold, Peter: Bildung in Europa: unter besonderer Berücksichtigung der EU-Bildungsprogramme, Baden-Baden 1995.

Hödl, Erich; Zegelin, Wolf: Hochschulreform und Hochschulmanagement. Eine kritische Bestandsaufnahme der aktuellen Diskussion, Marburg 1999.

Hölzle, Claudia: Bildungspolitik in der Europäischen Gemeinschaft. Die Angleichungsproblematik von Bildungssystemen in der Europäischen Gemeinschaft am Beispiel Spaniens, Köln 1994.

Holtz, Uwe (Hrsg.): 50 Jahre Europarat, Baden-Baden 2000.

Hornberg, Sabine: Europäische Gemeinschaft und multikulturelle Gesellschaft. Anspruch und Wirklichkeit europäischer Bildungspolitik und –praxis, Frankfurt a.M. 1999.

Huisman, Jeroen; van der Wende (Hrsg.): On cooperation and Competition. National and European Policies for the Internationalisation of Higher Education, Bonn 2004.

Janssen, Bernd: Bildungspolitik, in: Weidenfeld, Werner; Wessels, Wolfgang: Jahrbuch der Europäischen Integration 1991/1992, Bonn 1992.

Jopp, Mathias; Maurer, Andreas; Schneider, Heinrich (Hrsg.): Europapolitische Grundverständnisse im Wandel. Analysen und Konsequenzen für die politische Bildung, Bonn 1998.

Karlsen, Gustav E.: The Bologna process – a judicial confirmation of EU's policy of education?, Bergen 2005.

Kohler, Jürgen: Bologna und die Folgen, in: Benz, Winfried; Kohler, Jürgen; Landfried, Klaus (Hrsg.): Handbuch Qualität in Studium und Lehre. Evaluation nutzen - Akkreditierung sichern - Profil schärfen, Berlin 2004, Abschnitt A1.1.

Kruse, Judith: Europäische Kulturpolitik am Beispiel des Europarates, Münster 1993.

Laurien, Hanna-Renate: Kultur- und Bildungspolitik in Europa – Brennende Zukunftsfragen, in: Vogel, Bernhard; Laurien, Hanna-Renate; Berchem, Theodor: Kultur und Bildung in Europa, Köln 1990.

Lemke, Dietrich: Bildungspolitik in Europa. Perspektiven für das Jahr 2000. Eine Analyse europäischer Bildungssysteme, Hamburg 1992.

Leszczensky, Michael; Wolter, Andrä: Der Bologna-Prozess im Spiegel der HIS-Hochschulforschung, Hannover 2005.

Linsenmann, Ingo: Bildungspolitik, in: Weidenfeld, Werner; Wessels, Wolfgang (Hrsg.): Europa von A bis Z. Taschenbuch der europäischen Integration, Bonn 2002.

List, Juliane: Universitäten im internationalen Wettbewerb. Wie attraktiv sind deutsche Hochschulen für ausländische Studenten?, Köln 1997.

List, Juliane: Bachelor und Master – Sackgasse oder Königsweg, Köln 2000

Mickel, Wolfgang W. (Hrsg.): Europäische Bildungspolitik, Neuwied 1978.

Muche, Franziska (Ed.): Opening up to the Wider World. The External Dimension of the Bologna Process, Bonn 2005.

Neave, Guy; Van Vught, Frans (Ed.): Prometheus Bound. The Changing Relationship between Government and Higher Education in Western Europe, Oxford [u.a.] 1991.

Norwegian Ministry of Education and Research: The Bologna Process from a Norwegian Perspective – towards a European Higher Education Area, o.O. 2004.

Österreichische Bildungszusammenarbeit (Hrsg.): Bildungszusammenarbeit. Sektorpolitik der Österreichischen Entwicklungszusammenarbeit, Wien 2000.

Oppermann, Thomas: Europäisches Gemeinschaftsrecht und deutsche Bildungsordnung: „Gravier" und die Folgen, Bad Honnef 1987.

Plünnecke, Axel: Bildungsreform in Deutschland. Eine Positionsbestimmung aus bildungsökonomischer Sicht, Köln 2003.

Quarg, Gabriela: Die Zusammenarbeit des Europarates mit anderen internationalen Organisationen, in: Holtz, Uwe (Hrsg.): 50 Jahre Europarat, Baden-Baden 2000.

Ravinet, Pauline: The Sorbonne meeting and declaration: Actors, shared vision and Europeanisation, Bergen 2005.

Richter, Roland: Gestufte Studiengangsysteme im Ausland. Auf dem Weg von Bologna nach Prag, in: Welbers, Ulrich (Hrsg.): Studienreform mit Bachelor und Master. Gestufte Studiengänge im Blick des Lehrens und Lernens an Hochschulen. Modelle für die Geistes- und Sozialwissenschaften, Neuwied [u.a.] 2001.

Rutz, Michael (Hrsg.): Aufbruch in der Bildungspolitik. Roman Herzogs Rede und 25 Antworten, München 1997.

Schade, Angelika: Quality assurance and accreditation: confidence-building or multiplication of national, European and global agencies?, in: Muche, Franziska (Ed.): Opening up to the

Wider World. The External Dimension of the Bologna Process, Bonn 2005

Schnitzer, Klaus: Von Bologna nach Bergen, in: Leszczensky, Michael; Wolter, Andrä: Der Bologna-Prozess im Spiegel der HIS-Hochschulforschung, Hannover 2005.

Schwarz-Hahn, Stefanie: Leistungspunkte – Credits – Kreditpunkte – Bonuspunkte? Auf dem Weg zu mehr Kompatibilität im Dickicht der Lehr- und Lernumfangsmessungen, in: Universität Kassel (Hrsg.): Studienreformmaßnahmen an der Universität Kassel. Modularisierung und Credit-System, Kassel 2003.

Schwarz-Hahn, Stefanie; Rehburg, Meike: BACHELOR und MASTER in Deutschland – Empirische Befunde zur Studienstrukturreform, Münster [u.a.] 2004.

Siegers, Josef: Europäisierung des Arbeitsmarktes, Globalisierung des Gütermarktes und Kooperation zwischen Hochschulen und Wirtschaft, in: Hochschulrektorenkonferenz: Hochschule und Wirtschaft als Partner in Weiterbildung und Wissenstransfer auf dem europäischen Arbeitsmarkt, Bonn 1996.

Statistisches Bundesamt: Statistisches Jahrbuch 2004, Wiesbaden 2004.

Stifterverband der Deutschen Wirtschaft (Hrsg.): Credits an Deutschen Hochschulen. Transparenz – Koordination – Kompatibilität, Essen 2000.

Strömholm, Stig: Markt, Fabrik oder Heiliger Hain? Gedanken zur Hochschule in der Gesellschaft, in: Hochschulrektorenkonferenz: Gegenwart der Hochschule – Zukunft der Gesellschaft, Braunschweig 1995.

Tauch, Christian: The Bologna Process: state of implementation and external dimension, in: Muche, Franziska (Ed.): Opening up to the Wider World. The External Dimension of the Bologna Process, Bonn 2005.

Teichler, Ulrich: Europäische Hochschulsysteme: Die Beharrlichkeit vielfältiger Modelle, Frankfurt a.M. 1990.

Teichler, Ulrich: The Federal Republic of Germany, in: Neave, Guy; Van Vught, Frans (Ed.): Prometheus Bound. The Changing

Relationship between Government and Higher Education in Western Europe, Oxford [u.a.] 1991.

Thiele, Burkard: Die Bildungspolitik der Europäischen Gemeinschaft. Chancen und Versäumnisse der EG-Bildungspolitik zur Entwicklung des Europas der Bürger, Münster 2000.

Turner, George: Massenuniversität und Ausbildungsnotstand – Wie die Krise überwunden werden kann, Frankfurt a.m. 1984.

Universität Kassel (Hrsg.): Studienreformmaßnahmen an der Universität Kassel. Modularisierung und Credit-System, Kassel 2003.

Van der Wende, Marijk; Huisman, Jeroen: Europe, in: Huisman, Jeroen; van der Wende (Hrsg.): On Cooperation and Competition. National and European Policies for the Internationalisation of Higher Education, Bonn 2004.

Vogel, Bernhard; Laurien, Hanna-Renate; Berchem, Theodor: Kultur und Bildung in Europa, Köln 1990.

Weidenfeld, Werner; Wessels, Wolfgang: Jahrbuch der Europäischen Integration 1991/1992, Bonn 1992.

Weidenfeld, Werner; Wessels, Wolfgang (Hrsg.): Europa von A bis Z. Taschenbuch der europäischen Integration, Bonn 2002.

Weise, Christian: Globalisierung, Wettbewerb und Bildungspolitik, Berlin 2000.

Welbers, Ulrich (Hrsg.): Studienreform mit Bachelor und Master. Gestufte Studiengänge im Blick des Lehrens und Lernens an Hochschulen. Modelle für die Geistes- und Sozialwissenschaften, Neuwied [u.a.] 2001.

Walkenhorst, Heiko: Zwischen Harmonisierung und Subsidiarität. Der Kompetenzstreit um die EG-Bildungspolitik, Köln 1997.

Zmas, Aristoteles: Europäische Bildungspolitik. Grenzen und Möglichkeiten unter dem Kriterium der regulativen Idee von Bildung, Eitorf 2002.

Zeitschriften

Barkholt, Kasper: The Bologna Process and Integration Theory: Convergence and Autonomy, in: Higher Education in Europe, Volume 30, 2005 (1), S.23-29.

Bode, Christian: Die „Bologna-Agenda 2010" – noch ein (hochschul-)politischer Paradigmenwechsel, in: duz SPECIAL, Beilage zur DUZ – das unabhängige Hochschulmagazin, 04. Juli 2003, S.26-27.

Brackmann, Hans-Jürgen: Akkreditierung. Ein Arbeits- und Lernprozess, in: Die neue Hochschule, Band 44, 2003 (5), S.9-12.

De Wit, Kurt: The Consequences of European Integration for Higher Education, in: Higher Education Policy, Volume 16, 2003 (2), S.161-178.

Erhardt, Manfred: Mehr Qualität und Leistung durch Wettbewerb und Eigenverantwortung, in: Aus Politik und Zeitgeschichte, Band 26/2002, S.3-6.

Friedrich, Hans Rainer: Marketing als Aufgabe deutscher Hochschulen, in: Die neue Hochschule, Band 42, 2001 (1), S.7-11.

Friedrich, Hans Rainer: Europäische Räume, europäische Kultur, Wertebewußtsein und Identitätsbildung", in: vhw Mitteilungen, 2003 (4), S.17-26.

Hahn, Karola: The Changing Zeitgeist of German Higher Education and the Role of GATS, in: Higher Education in Europe, Volume 28, 2003 (2), S.199-215.

Hannemann, Dieter: ECTS und WorkLoad. Zeitbemessung in Studiengängen, in: Die Neue Hochschule, Band 44, 2003(6), S.20-23.

Heß, Jürgen: Der Bologna-Prozeß: Die europäische Perspektive der Hochschulentwicklung. Wirkungsmechanismen und Zielsetzungen bei der Schaffung eines europäischen Hochschulraumes, in: Wissenschaftsrecht, Band 36, 2003 (4), S.272-300.

Huisman, Jeroen; van der Wende, Marijk: The EU and Bologna: are supra- and international initiatives threatening domestic agendas?, in: European Journal of Education, Volume 38, 2004 (3), S.349-357.

Karran, Terence: Achieving Bologna convergence: is ECTS failing to make the grade? in: Higher Education in Europe, Volume 29, 2003 (3), S.414-421.

Kohler, Jürgen: Schlüsselkompetenzen und „employability" im Bologna-Prozess, in: Stifterverband für die Deutsche Wirtschaft (Hrsg.): Schlüsselkompetenzen und Beschäftigungsfähigkeit. Konzepte für die Vermittlung überfachlicher Qualifikationen an Hochschulen, Positionen, Juni 2004, S.5-15.

Kwiek, Marek: The Emergent European Educational Policies under Scrutiny: the Bologna Process form a Central European perspective, in: European Educational Research Journal, Volume 3, 2004 (4), S.759-776.

Kyvik, Svein: Structural Changes in Higher Education Systems in Western Europe, in: Higher Education in Europe, Volume 29, 2004 (3), S.393-409.

Liefner, Ingo; Schätzl, Ludwig; Schröder, Thomas: Reforms in German Higher Education: Implementing and Adapting Anglo-American Organizational and Management Structures at German Universities, in: Higher Education Policy, Volume 17, 2004 (1), S.23-38.

Maiworm, Friedhelm: ERASMUS: continuity and change in the 1990s, in: European Journal of Education, Volume 36, 2001 (4), S.459-472.

Minks, Karl-Heinz: Kompetenzen für den Arbeitsmarkt: Was wird vermittelt, was vermisst?, in: Stifterverband für die Deutsche Wissenschaft: Bachelor und Master-Ingenieure. Welche Kompetenzen verlangt der Arbeitsmarkt?, Positionen, Oktober 2004, S.32-40.

Rauhvargers, Andrejs: Improving the Recognition of Qualifications in the Framework of the Bologna Process, in: European Journal of Education, Volume 38, 2004 (3), S.331-347.

Rheinberg, Alexander: Qualifikationen und Chancen auf dem deutschen Arbeitsmarkt, in: Wilkens, Herbert (Red.): Bildungsreform aus ökonomischer Sicht. Beiheft zur Konjunkturpolitik, Zeitschrift für angewandte Wirtschaftsforschung, Heft 51, Berlin 2001, S.11-28.

Schade, Angelika: Akkreditierung in Deutschland – ein Paradigmenwechsel in der Qualitätssicherung, in: duz SPECIAL (2003), S.18-19.

Scheele, Ko: Accreditation, a National or an European Challenge, in: QA Issues (2003), QA Issues, Issue 23, 2003(2), S.13-23.

Sedgwick, Robert: The Bologna Process: How it is Changing the Face of Higher Education in Europe, in: World Education News and Reviews, Volume 14, 2001 (2), ohne pag.

Tauch, Christian: Almost Half-time in the Bologna Process – Where Do We Stand, in: European Journal of Education, Volume 39, 2004 (3), S.275-288.

Teichler, Ulrich; Jahr, Volker: Mobility During the Course of Study and After Graduation, in: European Journal of Education, Volume 36, 2001 (4), S.442-458.

Thune, Christian; Hämäläiner, Kimo: ENQA and the Future European Quality Assurance Framework, in: QA Issues, Issue 23, 2003(2), S.42-44.

Van der Wende, Marijk: The International Dimension in National Higher Education Policies: what has changed in Europe in the last five years?, in: European Journal of Education, Volume 36, 2001 (4), S.431-441.

Wächter, Bernd: The Bologna Process: developments and prospects, in: European Journal of Education, Volume 39, 2004 (3), S.265-273.

Weber, Eicke R.: Wettbewerb um die besten Köpfe. Um dem Brain Drain entgegenzuwirken, müssen die Stellen an deutschen Universitäten attraktiver werden, in: Physik Journal, Nr. 2, 2005 (4), S.3.

Weber, Luc E.: Main Issues in European Higher Education and Research, in: Higher Education Forum, Volume 1, 2003 (1), S.19-32.

Welsh, Helga A.: Higher Education in Germany: reform in incremental Steps, in: European Journal of Education, Volume 39, 2004 (3), S.359-375.

Wagner, Wolf: Wettbewerb oder Chaos? Bachelor-Studiengänge an Fachhochschulen im Sommer 2002, in: Die neue Hochschule, Band 44, 2003 (1), S.8-11.

Wagner, Wolf: Ein praxisbezogener 6-semestriger
berufsqualifizierender Ingenieur-Bachelor ist möglich!, in: Die
neue Hochschule, Band 46, 2005 (2-3), S.26-27.

Wilson, Lesley: Graz 2003. Die Botschaft der europäischen
Hochschulen an die Berliner Konferenz, in: duz SPECIAL (2003),
S.12-14.